Hannelore Veit ☆ David Kriegleder
USA – Stimmen aus einem gespaltenen Land

Hannelore Veit

David Kriegleder

USA

Stimmen aus einem gespaltenen Land

Residenz Verlag

Inhalt

Zu diesem Buch

Die Pandemie hat alles auf den Kopf gestellt. Das gilt auch für dieses Buch, an dem wir seit über einem Jahr schreiben. Ein Buch über die Vereinigten Staaten, das schon mehrmals vor der Veröffentlichung stand, zuletzt als der Ausbruch der Corona-Krise plötzlich alle politischen und gesellschaftlichen Gewissheiten infrage stellte: der Lockdown, die Wirtschaftskrise, die für viele Europäer nur schwer nachvollziehbare, unbeholfene Reaktion der Regierung und der Gesellschaft auf das Virus. Es war nicht das erste Mal, dass aktuelle Ereignisse unseren Zeitplan durcheinanderbrachten. Ende 2019 standen wir kurz vor der Publikation, als der US-Kongress ein Amtsenthebungsverfahren gegen Präsident Donald Trump einleitete. Mit so viel Ungewissheit konnten wir nicht in Druck gehen. Und nun, während wir diese Zeilen schreiben, haben landesweite Proteste gegen Polizeigewalt und Rassismus das Land in neue Unsicherheit gestürzt. Wieder mussten wir Kapitel umschreiben, neu schreiben oder auf den neuesten Stand bringen.

Wie schreiben über ein Land, das seit vier Jahren kontinuierlich von einer Krise in die nächste zu schlittern scheint? Wie in Buchform berichten über eine Nation, deren tagesaktuelle Entwicklungen so rasant vorbeirasen, dass sie selbst dem hyperaufmerksamen und geschulten Journalisten und Medien-Junkie regelmäßig Schwindel bereiten?

Diese Frage stand am Anfang unseres Buchprojekts. Es sollte kein Buch über den US-Präsidenten werden, der mit oft bizarren Auftritten, mit seinen medialen Inszenierungen und seinen autoritären

Instinkten ohnehin seit vier Jahren täglich die nationale und internationale Aufmerksamkeit auf sich zieht. Ebenso wenig wollten wir ein Buch über den Wandel der amerikanischen Außenpolitik schreiben, wenngleich uns Europäer dieser Aspekt am meisten betrifft und vor den Kopf stößt. Stattdessen wollten wir Amerikaner ins Zentrum unseres Buches stellen und die Menschen selbst zu Wort kommen lassen: US-Bürger aus allen Gesellschaftsschichten und Landesteilen, die wir im Zuge unserer vielen Reportagereisen als ORF-Korrespondenten getroffen haben. Wir wollten »Stimmen aus einem gespaltenen Land« wiedergeben.

Es sind Porträts, die das vielfältige und einzigartige Gesellschaftsmosaik der USA widerspiegeln, das wir in den vielen Jahren unserer US-Aufenthalte kennengelernt, erlebt und lieben gelernt haben. Charaktere und Lebensgeschichten, die vom unbeugsamen Pioniergeist, Tatendrang und Individualismus zeugen, die dieses Land groß gemacht haben. Menschen, deren tägliche Herausforderungen, Hoffnungen und Ängste die gesellschaftliche Wirklichkeit dieses komplexen Landes abbilden.

Religion, Rassismus, Revolutionssehnsüchte, Waffenbesitz, UFOs, Glamour, Drogensucht, Einwandererträume und Klimawandel – das sind nur einige der Themen, die wir mit der Auswahl unserer Buch-Charaktere mit Leben erfüllen wollen. Wir wollen ihre Geschichten erzählen, um sie dem Leser näherzubringen. Wir hoffen, damit zum besseren Verständnis der USA beizutragen, abseits der Schlagzeilen des 24-Stunden-Nachrichtenzyklus, denen wir als Journalisten sonst im Alltag hinterherhechten.

Zugleich haben wir Menschen porträtiert, deren Leben die tiefen Missstände und sozialen Verwerfungen zum Ausdruck bringen, die sich in den letzten Jahrzehnten weiter verschärft haben – oder, wie David es noch drastischer ausdrücken würde: die USA an den Rand des Abgrunds gedrängt haben. Die extreme Polarisierung, das Misstrauen zwischen Jung und Alt, Stadt und Land, Arm und Reich, zwischen links, rechts und dem Zentrum des politischen Spektrums – all das spiegelt sich in den Kapiteln unseres Buches

wider. Ebenso die zunehmend abgeschotteten Wahrnehmungs-
blasen, in denen sich die unterschiedlichen Gesellschaftsteile bewegen. Unversöhnlich prallen diese Parallelwelten derzeit auf-
einander. Ein Hauch von 1968 liegt in der Luft, vielleicht auch 1972.
Geschichte wiederholt sich nicht, aber sie reimt sich.

Hannelore Veit und David Kriegleder
Washington, im Juni 2020

Einleitung

Transatlantische Gedanken, Teil 1
David Kriegleder

Kapuzenpullover am Haupt, Latexhandschuhe an den Fingern, N95-Atemschutzmaske im Gesicht. So sitze ich regungslos auf meinem Fensterplatz, etwa 12 000 Meter über dem Meeresspiegel. Aus meinen Kopfhörern tönt der Bass von elektronischer Musik, der sich mit dem dumpfen Dröhnen der Boeing-787-Passagiermaschine vermischt. Unter uns zieht glitzernd der Atlantische Ozean vorbei. So weit wie dieser Tage kam er mir noch nie vor. Und die Reise aus Europa in die Neue Welt selten so lang.

Ich bin auf dem Weg zurück in die USA, jenes Land, das ich seit zwei Jahren mein Zuhause nennen darf. Ein Land, in dem ich schon Teile meiner Kindheit, Jugend- und Studentenjahre verbracht habe und das mich trotz aller Ambivalenz, die ich empfinde, immer wieder zu sich ruft. Auch inmitten der Corona-Krise. Unser Flieger ist in diesen Zeiten der geschlossenen Grenzen nur zu einem Drittel gefüllt – Social Distancing fällt da nicht schwer. Mit an Bord: US-amerikanische Rückkehrer, Diplomaten, gereiztes Flugpersonal in Schutzkleidung.

Dass ich während der Pandemie meine Familie in Österreich besuchen und danach in die USA zurückkehren kann, verdanke ich der österreichischen Botschaft in Washington. Sie hat mit viel Geschick eine spezielle Wiedereinreise-Genehmigung für Journalisten organisiert, eine Ausnahmeregelung für den vom Weißen

Haus verhängten Corona-Reisebann für Schengen-Bürger. Viele andere internationale Korrespondenten haben dieses Glück nicht gehabt.

Die USA waren für mich stets so etwas wie eine zweite Heimat – ein Ort, den ich mit vielen positiven Erlebnissen, Erinnerungen und Menschen verbinde. Aber so richtig willkommen fühle ich mich hier in letzter Zeit nicht mehr. Während ich an Bord meines Fluges das Zollformular ausfülle, stelle ich mich im Kopf bereits auf die langwierige und peinliche Befragung durch die US-Einwanderungsbehörden ein, die schon zum Fixritual bei meinen Einreisen geworden ist. Journalisten, einheimische und ausländische, werden im Land der Pressefreiheit immer öfter als Störenfriede behandelt. »Gibt es in Österreich nicht genug zu berichten, dass Sie hierherkommen müssen?«, hat mich ein US-Grenzbeamter schon einmal forsch gefragt.

Die offene, herzliche und unbekümmerte Landesmentalität der USA, die ich so schätze, ist in den vergangenen 20 Jahren spürbar einer tiefen Verunsicherung und Verbitterung gewichen, das merke ich auch in Gesprächen mit amerikanischen Freunden und den Porträtierten in diesem Buch. Was sagt man in Europa zu unserem Chaos? Wieso funktionieren gewisse Dinge bei euch und bei uns nicht? Ist in Österreich wirklich jeder krankenversichert? Es sind Fragen, die von der tiefen Identitätskrise zeugen, in der dieses Land steckt – der unbeugsame Fortschrittsglaube seiner Menschen hat schweren Schaden erlitten. Das gesellschaftliche Fundament der USA erlebe ich zunehmend als ausgehöhlt, wie eine leere Simulation seiner selbst. Es ist ein Land, in dem mittlerweile weder der Staat noch der Markt wirklich funktionieren. Und die Amerikaner scheinen es zu spüren: »In Bezug auf unsere politischen und sozialen Institutionen kann ich mir nicht verkneifen, zu denken: Lasst sie doch alle brennen« – dieser Aussage schließen sich laut der viel beachteten politikwissenschaftlichen Studie »A Need for Chaos« (Petersen, Osmundsen & Arceneaux, 2018) ganze 40 Prozent der befragten US-Bürger an. Laut Gallup-Umfrage haben 59 Prozent der Amerikaner kein Vertrauen mehr in ihre Demokratie und die

Fairness ihrer Wahlen. Über 60 Prozent sind der Meinung, das Land sei auf dem falschen Weg.

Die Corona-Krise hat die sozialen Missstände und internen Spannungen noch einmal verstärkt und die gesellschaftlichen Vorerkrankungen des Patienten USA gnadenlos offengelegt. Es ist nicht das erste Mal, dass die USA mit einer Pandemie ringen, nicht das erste Mal, dass das Land eine schwere Wirtschaftskrise erlebt. Und nicht das erste Mal, dass der US-Kongress versucht hat, einen US-Präsidenten des Amtes zu entheben. Doch noch nie fand all das im selben Jahr statt, noch dazu in einem Wahljahr. Politische Beobachter in den USA sprechen daher immer öfter von ernsthaften Anzeichen und Symptomen eines gescheiterten Staates. Das amerikanische Selbstverständnis ist jedenfalls infrage gestellt und mit ihm die nach dem Ende des Zweiten Weltkriegs etablierte internationale Staatenordnung. Die Vereinigten Staaten sind mit sich selbst beschäftigt und ziehen sich international zurück. Zwischen Europa und Washington sind tiefe Gräben entstanden, nicht erst seit der nationalistischen »America First«-Politik Donald Trumps. Man ist sich fremd geworden diesseits und jenseits des Atlantiks.

Es sind Entwicklungen, die mich nachdenklich stimmen. Als unsere Boeing-Maschine zum Landeanflug ansetzt, überkommt mich eine tiefe Melancholie. Wir gleiten am Potomac-Fluss entlang, Washingtons Innenstadt zieht am Fenster vorbei: die Gedenkstätten historischer Präsidenten, steinerne Mahnmale aus besseren Zeiten; das Weiße Haus, das dieser Tage mehr denn je einer verbarrikadierten Festung gleicht; der überfüllte Soldatenfriedhof Arlington, Zeugnis eines wankenden Imperiums. Ich habe Transatlantikflüge in die USA lange als magisch empfunden – als Reisen, die über die Überwindung von räumlicher Distanz hinausgehen. Gleich einer Zeitmaschine, bei der jedes Mal unklar ist, ob sie in Richtung Zukunft oder in Richtung Vergangenheit steuert. Oder überhaupt in ein Paralleluniversum, vertraut und gleichzeitig fremd. Vieles hat sich verändert in diesem Land – manches davon offensichtlich, manches subtil. Ach Amerika, wie sehr ich dich noch immer bewundere und gleichzeitig bedaure.

Transatlantische Gedanken, Teil 2

Hannelore Veit

Es sind erste Eindrücke, die prägen. Meine ersten Eindrücke der USA gehen auf die 1980er Jahre zurück. Als junge Fulbright-Studentin kam ich hierher, es war ein unglaubliches Gefühl der Freiheit, der Weite, des Willkommen-Seins in diesem Land. Ich hatte das Gefühl, mit offenen Armen aufgenommen zu werden. Die Menschen hier wollten zeigen, was für ein demokratisches, weltoffenes und großartiges Land sie sind. Viele der Menschen, die ich als Studentin kennengelernt habe, zähle ich auch heute noch zu meinen Freunden.

30 Jahre später kam ich als Korrespondentin zurück in ein Land, das sich total verändert hatte, ein Land, in dem ich mich als Ausländerin, auch als Europäerin, nicht mehr uneingeschränkt willkommen fühle. Der 11. September 2001 hat dieses Land verändert. Nach mehr als zehn Jahren Krieg in Afghanistan und im Irak haben die USA das Interesse am Rest der Welt verloren. Die Haupt-Nachrichten: local news. Mit Donald Trump im Weißen Haus hat sich das alles noch drastisch verschärft. America First – der Rest der Welt zählt nicht. Und im Inneren ist die Kluft so tief geworden, dass ein Dialog nicht mehr möglich scheint. Die, die versuchen zu vermitteln, die einen Kompromiss suchen, werden nicht gehört, weder in der Politik noch in der Gesellschaft. Republikaner und Demokraten können schon längst nicht mehr miteinander. Es geht um Machtspiele in Washington – um nichts sonst. Trump-Anhänger leben in ihrer eigenen Welt, sehen Donald Trump, wie es eine meiner Interviewpartnerinnen sagte, als einen, der »den Sumpf trockenlegen wollte, aber nicht gewusst hat, wie viele Alligatoren in diesem Sumpf leben«. Trump-Gegner können es nicht fassen, dass dieser Egozentriker, der andere anpöbelt, aber selbst nicht die geringste Kritik verträgt und beratungsresistent ist, das Amt des Präsidenten innehat, ein Amt, um das in Zeiten vor Donald Trump immer ein Hauch von Ehrfurcht geweht hat. Jeder lebt in einer Blase, holt sich die Informationen dort, wo er oder sie sicher sein

kann, dass sie die eigene Meinung widerspiegeln. Niemand will Argumente dafür *und* dagegen hören. Der Präsident macht es vor: Desinformation wird so oft wiederholt, bis sie salonfähig ist.

Ich versuche in meinen Kapiteln des Buches, Amerikaner zu Wort kommen zu lassen und möglichst wenig zu werten – auch wenn es, das muss ich zugeben, manchmal schwerfällt.

Die USA sind heute ein tief gespaltenes Land. Und doch erlebe ich immer wieder, wie das Amerika aufblitzt, das ich aus meiner Studentenzeit in Erinnerung habe. Es ist immer noch das Land der Weite, der Freiheit und der freien Meinungsäußerung, ein Land, das gerade im Frühsommer 2020 mit der Protestwelle gegen Rassismus eine intensive Phase der Konfrontation mit der eigenen Geschichte durchlebt. Eine Phase, aus der dieses Land, und da teile ich die Meinung meines afroamerikanischen Gesprächspartners Doug im Kapitel »Der Realist«, lernen und hoffentlich gestärkt hervorgehen wird. Die USA sind eine stabile Demokratie mit gut verankerten Kontrollen der Macht, auch der Macht des Präsidenten: Die »checks and balances«, die in der Verfassung festgelegt sind, garantieren, dass der Kongress, der Präsident und die Gerichte einander kontrollieren. Bis jetzt haben sie funktioniert – der Präsident, der am liebsten allein regieren würde, wird gebremst vom Kongress und von den Gerichten.

Wir kritisieren die USA oft und heftig, weil wir das können – weil Kritiker nicht im Gefängnis landen oder »verschwinden«, weil ich als ausländische Journalistin nicht damit rechnen muss, Repressalien ausgesetzt zu sein. Es sind nach wie vor gemeinsame Werte, die die USA und Europa verbinden.

Die meisten Gesprächspartner, die ich getroffen habe (zugegeben nicht alle), mag ich einfach persönlich, ob ich ihre politische Einstellung jetzt goutiere oder nicht. Willkommen habe ich mich bei der konservativen Familie in Fargo genauso gefühlt wie bei der Anything-But-Trump-Universitätslektorin in Kalifornien. Ich kenne Freundschaften zwischen Trump-Gegnern und Trump-Unterstützern, die weiter bestehen, weil beide Seiten gelernt haben, das Thema Trump auszuklammern.

Mag sein, dass hier die unverbesserliche Optimistin in mir spricht, aber ich habe in all den Jahren, die ich hier gelebt habe, so viele Aspekte dieses Landes kennengelernt, dass ich aus voller Überzeugung sagen kann: Trotz aller Kritik, die ich übe, liebe ich dieses Land. Wie es ein amerikanischer Freund ausdrückt: Das schönste an diesem Land ist seine Fähigkeit, sich nach dunklen Kapiteln der Geschichte neu zu finden.

STIMMEN AUS EINEM GESPALTENEN LAND

Der Revolutions-Führer

Eine Tour der etwas anderen Art durch den Big Apple

New York ☆ David Kriegleder

»Herzlich willkommen in New York City! Eines gleich vorweg: Das hier ist nicht Disneyland – hier wird nichts schöngeredet, wir nennen die Dinge beim Namen – the Good, the Bad and the Ugly.« Michael Pellagattis Blick wandert selbstbewusst über das Dach des offenen Doppeldecker-Busses. Alle Sitzplätze sind belegt, er wirkt zufrieden – es ist Hochsaison, noch vor der Corona-Krise, und seine heutigen Gäste, internationale Besucher und US-Amerikaner, lauschen den Worten des 32-jährigen Touristenführers aufmerksam. »Ich bin New Yorker der fünften Generation und kenne diese Stadt wie meine Westentasche«, fügt Pellagatti mit kantigem New Yorker Akzent hinzu. Er trägt ein schwarzes Barrett und eine verspiegelte Sonnenbrille – in der linken Hand hält er einen ausziehbaren Teleskopstock, den rechten Arm zieren mehrere Tätowierungen.

Der rote »Hop on Hop off«-Bus setzt sich in Bewegung, manövriert im Schritttempo durch den zähen New Yorker Morgenverkehr rund um den berühmten Times Square. Gigantische Leuchtreklamen flackern von den Gebäudefassaden. Grelle Bildschirme wetteifern um die Aufmerksamkeit der Passanten – werben für Broadway-Musicals, Sportschuhe und Aftershave. Ein buntes Kaleidoskop, nein, Stroboskop spätkapitalistischer Ekstase. Im Hintergrund das Hupen genervter Pendler, begleitet vom Dröhnen mehrerer Presslufthämmer, ein Fußgänger schimpft lautstark auf einen vorbeisausenden Radfahrer. »Ahh, hört ihr das? Bei dieser Geräuschkulisse wird mir gleich ganz warm ums Herz«, sagt Pellagatti – »das ist die wahre Symphonie New Yorks, vergesst die noblen Orchester. Darum reden wir New Yorker auch so laut, sonst hört uns keiner, vielleicht sind wir deswegen alle ein bisschen neurotisch!«

Pellagatti trinkt aus seiner Wasserflasche, atmet kurz durch und widmet sich sofort wieder mit vollem Elan seinen Tour-Gästen. Er ist ein wandelndes Lexikon der Stadt – kaum ein Straßenblock, den er nicht mit einer historischen Anekdote kommentiert.

»In diesem Gebäude ist Nikola Tesla gestorben... und in dieser Nachbarschaft wurde Präsident Franklin D. Roosevelt geboren... Und hier haben sich die irischen Hafenarbeiter angesiedelt, nachdem man sie vom alten Dock am East River vertrieben hatte.«

Der Bus biegt in die 34. Straße ein. »Hier zu meiner Linken sehen sie Macy's, eines der größten Kaufhäuser der Welt«, erzählt der junge Guide, »das Gebäude soll demnächst zu einem Wolkenkratzer umgebaut werden, die Amazon-Konkurrenz setzt ihnen offenbar ziemlich zu...«

»...Zu meiner Rechten befindet sich das berühmte Empire State Building, wussten Sie, dass es ursprünglich als Zeppelin-Landeplatz konzipiert war?«

»...Und hier in dieser Kirche hat Trump seine Melania geheiratet – the GREATEST wedding ever«, ergänzt er mit einer gekonnten Stimm-Imitation des US-Präsidenten.

Die Occupy-Wall-Street-Tour

Michael Pellagatti ist seit sechs Jahren als Touristenführer in Manhattan tätig. Zwei bis drei solcher Bus-Rundfahrten absolviert er pro Tag, 17 Dollar beträgt der Stundenlohn. »Kein Vermögen, aber ich bin krankenversichert, das ist das Wichtigste.« Nebenbei jobbt er als freischaffender Pressefotograf. Doch Michaels Herzblut steckt in einem anderen Projekt, seiner sogenannten Occupy-

Wall-Street-Tour. Bei dieser Spezialführung habe ich ihn 2016 kennengelernt und für eine ORF-Sondersendung zur Wahlnacht interviewt. Thema des damaligen Beitrags war die Frage, wie die junge Generation der unter 35-Jährigen, manchmal auch »Millennials« genannt, politisch tickt. Eine Frage, die untrennbar mit einer Protestbewegung verknüpft ist, die hier in New York City im Jahr 2011 ihren Ausgang genommen hat.

»Occupy Wall Street war so etwas wie die politische Geburtsstunde meiner Generation«, erzählte mir Michael Pellagatti bei unserem ersten Treffen. Er selbst stand im September 2011 an vorderster Front, als Tausende junge Menschen einen Straßenblock rund um die New Yorker Börse mit Zelten besetzt hielten, ein Protest gegen die Nachwehen des 2008 kollabierten Finanzsystems, gegen die Gier der großen Investmentbanken, gegen die Untätigkeit der Politik. Nach knapp zwei Monaten wurde das Protestcamp schließlich recht brutal geräumt – noch heute hat Pellagatti Videos auf seinem Mobiltelefon, die zeigen, wie die weitgehend friedlichen Demonstranten von übereifrigen Polizisten mit Pfefferspray eingekesselt wurden.

»Präsident Obama hat die Räumung des Protestcamps damals zugelassen – für uns ist er damit gestorben und damit auch die Hoffnung, dass sich dieses System durch Wahlen ändern lässt.«

Die Protestbewegung sei zwar mit ihren Zielen und Forderungen gescheitert, aber sie habe damals die Büchse der Pandora geöffnet und landesweit viele weitere Protest- und Bürgerrechtsbewegungen inspiriert, sagt Pellagatti. »Für mich wurde damals klar, dass ich mich politisch und vor allem aktivistisch engagieren muss – ich habe mein überteuertes und nutzloses Studium abgebrochen und mich mit Gleichgesinnten vernetzt. Ich habe mir damals unzählige Bücher gekauft und begonnen, die sozialrevolutionäre Geschichte meiner Heimatstadt zu studieren.«

Mit seiner Occupy-Wall-Street-Tour will der junge New Yorker den Geist der Protestbewegung am Leben erhalten und interessierten Besuchern aus aller Welt vermitteln – zuletzt etwa einer Studentengruppe aus dem deutschen Münster.

»Ich habe auch schon Schulklassen bei meiner Tour begrüßt, einige Schüler haben mir dann ein paar Wochen später geschrieben, dass sie nach meiner Tour zum ersten Mal selbst an einer Demonstration teilgenommen haben – das war ein echtes Erfolgserlebnis.«

Die Tourismusbranche sei ein idealer Ort für politischen Aktivismus, eine Sphäre, in der sozialrevolutionäre Theorie und Geschichte unterhaltsam und gleichzeitig bewusstseinsbildend vermittelt werden könne, so Pellagatti. »Und bei den Tour-Gästen kommt mein Stil überraschend gut an, den touristischen Einheitsbrei kann man ja ohnehin woanders nachlesen.«

Der rote Tour-Bus fährt an den Hudson Yards vorbei – einem kürzlich aus dem Boden gestampften und neu eröffneten Luxus-Stadtviertel entlang der 11th Avenue. Mehrere gläserne Wolkenkratzer beheimaten dort Nobelapartments – darunter befindet sich ein riesiges, steriles Einkaufszentrum mit Boutiquen namhafter Marken. Vor dem Eingang ragt eine etwas bizarr anmutende Kunstskulptur in den Himmel, das sogenannte »Vessel«. Sie besteht aus über 150 ineinander verzahnten und protzig verkupferten Treppenaufgängen, die, auf 16 Stockwerke gestapelt, Besucher zum kostenpflichtigen Erklimmen anregen sollen und vom Kritiker der »New York Times« spöttisch als »mistkübelförmiges Treppenhaus ins Nichts« bezeichnet wurde.

Der gesamte Hudson-Yards-Gebäudekomplex wird nach seiner Fertigstellung über 20 Milliarden Dollar gekostet haben – das teuerste privat finanzierte Immobilienprojekt der US-Geschichte. Viele New Yorker sehen darin aber vor allem eine architektonische Sünde und einen weiteren öffentlichen Ort, der alles bietet außer Sitzbänken und somit zum Konsum zwingt, statt zum Verweilen einzuladen.

»Hier sehen Sie eine weitere Oase der Superreichen«, richtet sich Mike Pellagatti an seine Tour-Gäste, ohne seine Abneigung gegenüber dem neuen Stadtviertel zu verbergen. »Ein weiterer Ort, an dem Menschen mit zu viel Einkommen ihr Geld in irgendwelchen gläsernen Wolkenkratzern anlegen können – ja, von denen haben wir hier in New York wahrlich mehr als genug.«

Die US-Immobilienbranche sei seiner Meinung nach überhaupt der größte Killer der US-Mittelklasse, erzählt mir Mike anschließend im Interview, »sogar noch schlimmer als die Finanzbranche«. Wundere es irgendjemanden, dass ausgerechnet ein Bauherr und Immobilienhai aus New York im Weißen Haus sitzt?

Stadt des Widerstands, Stadt der Armut

Pellagattis Ausführungen verdeutlichen: New York City besitzt in den Vereinigten Staaten der Gegenwart eine interessante Doppelrolle. Die Metropole ist die ehemalige Heimatstadt Donald Trumps – das Biotop, in dem er zum Baumogul aufgestiegen ist. Gleichzeitig verkörpert die Stadt die absolute Antithese zu Trumps Amerika. Das multikulturelle und bunte New York ist eine Hochburg der Demokraten. Hillary Clinton war Senatorin des Bundesstaates New York, ehe sie gegen Trump ins Rennen ging und den Kürzeren zog.

Mike Pellagatti hat bei den Vorwahlen 2016 den demokratischen Sozialisten Bernie Sanders unterstützt, der seiner Konkurrentin Clinton nur knapp unterlag. Sanders ist zum Zeitpunkt unseres Treffens erneut im Rennen um das Weiße Haus, doch der junge New Yorker bezweifelt, dass ihn die Demokraten wirklich zu ihrem Kandidaten nominieren werden. »Das ist doch alles geschoben: Unser politischer Prozess ist mittlerweile eine einzige Reality Show und deswegen hat Trump gute Karten, wiedergewählt zu werden. Ich denke, die aufrichtigen Demokraten werden es schwer haben, mit Inhalten durchzukommen, und ich befürchte, dass die Dinge zuerst noch viel schlechter werden müssen, ehe sie wieder besser werden. Wer weiß, vielleicht steht der nächste Finanzcrash schon vor der Tür?«

Der Tour-Bus fährt weiter und erreicht den Stadtteil Greenwich Village – Pellagatti setzt seine revolutionär angehauchte Stadtführung fort.

»Zu unserer Linken befindet sich jener Straßenblock, in dem in den 1960er Jahren die berühmten Stonewall-Proteste stattfanden, die sich heuer zum 50. Mal jähren. Hier haben sich Homo- und Transsexuelle im Kampf um Bürgerrechte Straßenschlachten mit der New Yorker Polizei geliefert...«

»...Und an dieser Ecke haben New Yorks Straßenmusiker vor mehreren Jahrzehnten das Recht erkämpft, ohne Genehmigung allerorts spielen zu dürfen – dieses Recht gilt bis heute. Sehen Sie, in diesem Land wird einem nichts geschenkt, alles muss erkämpft werden – glauben Sie mir, ich bin der Sohn italienischer Einwanderer und weiß, wovon ich spreche...«

»...Ach ja, und bevor ich's vergesse, an dieser Ecke hier kriegt ihr die besten Mac and Cheese der ganzen Stadt!«

Die aktuelle Situation der Stadt erinnere ihn frappant an die historischen Schilderungen über das New York der 1920er Jahre, sagt Pellagatti. Die Wirtschaft boome, die Reichen werfen mit Geld um sich, aber ein Großteil der Bewohner bleibe auf der Strecke. »Ich habe noch nie so viele Obdachlose gesehen wie jetzt...« Einige von ihnen würden in der Nacht auf der Straße schlafen und tagsüber in der Stadt arbeiten gehen – denn die Mieten seien dermaßen in die Höhe geschossen, dass sich auch viele berufstätige Menschen kaum noch ein würdiges Wohnen leisten können. Das Gleiche gelte für die Lebensmittelpreise, »und dann spüren wir auch noch die Auswirkungen von Trumps Zöllen auf chinesische Importprodukte.«

Viele seiner Freunde seien in den vergangenen Jahren aus New York City weggezogen, weil sie sich das Leben hier nicht mehr leisten können, erzählt Pellagatti, »aber sie können es sich ebenso wenig leisten, zu weit weg zu ziehen, denn die Jobs sind alle in der Stadt – eine echte Zwickmühle.«

Auch er selbst sei vor Kurzem wieder zurück in die Wohnung seines Vaters im angrenzenden New Jersey gezogen, um Geld zu sparen – denn sein Touristenbus-Unternehmen könne ihm nicht immer genug Arbeitsstunden garantieren. Mikes zwei jüngere Brüder leben noch im Apartment ihrer Mutter. »Unsere Elterngeneration hat zumindest noch fixe Jobs, meine Mom arbeitet seit Jahrzehnten beim selben Arbeitgeber, einer amerikanischen Airline – von so viel Beständigkeit kann meine Generation nur träumen, wir werden mit der Gig-Economy, der Vergabe von Mini-Aufträgen, verarscht.«

Der Traum von Hawaii und die harte Wirklichkeit in New York

Pellagatti wollte sich angesichts so großer wirtschaftlicher Unsicherheit eigentlich ein zweites Standbein aufbauen – als saisonaler Touristenführer auf den US-amerikanischen Pazifikinseln Hawaii. Er habe dort über sein Occupy Wall Street Aktivisten-Netzwerk Kontakte geknüpft und die Hauptinsel Oahu mehrmals besucht.
»Viele Leute sagen, wir fliegen nach Hawaii, wir gehen ins Paradies – Strand, Piña Colada, Hula-Mädchen mit Blumenkränzen –, aber das entspricht nicht der Realität: Der Bundesstaat hat das größte Obdachlosen-Problem im ganzen Land.« Und die Tourismusbranche dort verschleiere die Probleme, weswegen er gerne eine alternative Hawaii-Tour auf die Beine gestellt hätte. Doch die strengen Regulierungen und die Bürokratie Hawaiis hätten diesen Plan vorerst zunichte gemacht. »So bleibt mir nichts anderes übrig, als die sozialen Bewegungen Hawaiis hier aus der Ferne zu unterstützen – demnächst gibt es in New York eine große Demonstration gegen den geplanten Bau eines Teleskops auf dem Land der hawaiianischen Ureinwohner, da werde ich sicher mitmarschieren«, so Pellagatti. In Planung sei auch ein Aktivistentreffen rund um bleiverseuchtes Trinkwasser in der nahe gelegenen Stadt Newark.

Der rote Doppeldecker-Bus passiert den ehemaligen Standort des World Trade Center, das am 11. September 2001 durch Terrorangriffe zerstört wurde. Ein kollektives Trauma, das das Land und die Stadt bis heute nicht ganz überwunden haben. Ein stimmiges Mahnmal erinnert an die Opfer des Anschlags – daneben ragt das neue One World Trade Center über 500 Meter in den Himmel. Der Bus hat die Südspitze Manhattans erreicht und biegt in die Wall Street ein, das Herz des Finanzdistrikts und Sitz der US-Börse. Einige Tour-Gäste steigen aus, um ein Selfie mit der berühmten Charging-Bull-Statue zu bekommen. Diese Skulptur eines Stiers war ursprünglich als befristetes Street-Art-Projekt konzipiert und wurde erst danach zu einer permanenten Installation – »ein Symbol für die Marktgläubigkeit dieser Stadt«, erzählt Tour-Guide Pellagatti den verbleibenden Passagieren mit einem unüberhörbaren Seufzer. Der rote Bus rollt zur letzten Station weiter, Pellagatti bedankt sich für die Aufmerksamkeit und sammelt Trinkgeld ein. Ein Senioren-Paar aus Kalifornien bedankt sich für die Tour, »toll, dass Sie die Dinge beim Namen nennen«, sagt die ältere Dame, während sie Mike einen 20-Dollar-Schein zusteckt. »Falls Sie noch Zeit haben, würde ich Ihnen einen Spaziergang zum nahe gelegenen Zuccotti-Park ans Herz legen«, erwidert der junge New Yorker. »Dort hat die Occupy-Wall-Street-Bewegung ihren Anfang genommen, die 99 Prozent der Bevölkerung haben begonnen, gegen das eine Prozent der Superreichen zu kämpfen – ein Kampf, der bis heute andauert und uns alle betrifft.«

Im Juni 2020 erreiche ich Mike nach mehreren erfolglosen Versuchen am Telefon. Seine Lebensumstände haben sich seit unserer gemeinsamen Stadtrundfahrt deutlich verschlechtert: Die Corona-Krise hat New York City besonders hart getroffen, der Tourismus ist zusammengebrochen, Pellagatti hat seinen Tour-Guide-Job verloren. Er arbeitet jetzt aushilfsweise in einem Kaufhaus in New Jersey und erzählt mir, wie unglücklich er über den verordneten Corona-Shutdown der Stadt ist. Die Quarantäne-Maßnahmen hält er für übertrieben. Mike schildert, wie er in eine tiefe Depression gestürzt ist, aus der er sich gerade erst langsam und mit Hilfe von Therapie befreit. Derzeit bereite er sein Comeback als alternativer Touristenführer vor – die Stadt New Orleans reize ihn dabei besonders. Mike Pellagatti unterstützt die landesweiten Proteste gegen Polizeigewalt und Rassismus, die sich auch auf den Straßen des Big Apple abspielen. »Vielleicht sind sie ein weiterer Schritt hin zu einer größeren sozialen Revolte, die unser verrottetes System wegfegt«, sagt der junge New Yorker.

Der Konservative

Mit voller Überzeugung für Trump

Fargo, North Dakota ☆ Hannelore Veit

Fargo – das ist der Name einer Stadt, der sofort ein Bild im Kopf entstehen lässt: karge Landschaft, kalt, unwirtlich. Wer immer den Filmklassiker der Coen-Brüder aus dem Jahr 1996 gesehen hat, wird ähnliche Eindrücke mitgenommen haben.

Ich plane eine Reportage über eine Familie, die Trump gewählt hat und zu Trump steht, aber nicht in das übliche Klischee der ungebildeten, selbstgefälligen und grölenden Trump-Anhänger fällt, die seine populistischen Ideen unreflektiert aufnehmen und die wir in den Medien so gerne als die Wählerbasis Trumps beschreiben. Fast die Hälfte der Amerikaner hat Trump 2016 gewählt. Mit seinen Stammwählern allein hätte Trump die Wahl nie gewinnen können.

Fargo, der Name fällt in einer Besprechung mit meiner Producerin Lauren. Sie hat dort eine Familie gefunden, die bereit ist, mit mir zu reden. Ich bin sofort Feuer und Flamme. Fargo wollte ich immer schon sehen.

Es ist März, als ich dorthin reise. Direktflüge gibt es keine. Anstatt in Minneapolis, einem großen Drehkreuz im Mittleren Westen, in einen Anschlussflug nach Fargo umzusteigen, beschließe ich, mit meinem Kameramann Markus ein Mietauto zu nehmen und quer durch Minnesota nach North Dakota zu fahren. Nicht nur, weil Fliegen umständlich und langweilig ist, sondern auch, weil ich so ein Gefühl für die unendliche Weite des Mittleren Westens bekomme. Vier Autostunden sind es bis Fargo, quer durch das Land der 10 000 Seen, wie Minnesota genannt wird. Die Landschaft verändert sich kaum, ein paar Hügel, flaches Land, so weit der Blick reicht. Selbst im März sind die Teiche hier im Norden noch zugefroren.

Der eiskalte, aber sonnige Märztag neigt sich dem Ende zu, als wir Fargo erreichen. Fast baumlos ist die Ebene rund um die Stadt, der kalte Wind raubt einem den Atem. Und doch: Fargo ist ganz anders, als ich es mir vorgestellt habe. Gar nicht düster, kein gottverlassener Winkel, wie es der Film suggeriert. Fargo liegt am Red River, ist mit 120 000 Einwohnern die größte Stadt im dünn besiedelten North Dakota und hat ein hübsches Art-Déco-Zentrum, das mit seinen roten Backsteinfassaden erkennen lässt, dass sie schon sehr westlich liegt. Cowboy-Romantik schimmert durch. Fargo ist eine junge Stadt, das Durchschnittsalter der Bevölkerung beträgt 30 Jahre. Fargo bietet das, was viele andere Städte nicht haben: eine niedrige Kriminalitätsrate, kaum Arbeitslosigkeit und leistbare Wohnungen. Sie ist eine der lebenswertesten Kleinstädte der USA.

»Welcome, and please feel at home here.« John Trandem öffnet die Tür zu seinem Einfamilienhaus am Rande der Stadt. Mit seiner Frau Lydia und ihren drei kleinen Kindern lebt John in dem für europäische Verhältnisse geräumigen, neu gebauten Haus, vier Garagen lassen erahnen, dass Autos eine wichtige Rolle im Leben der Trandems spielen. John, der Mann, den ich gerne näher kennenlernen möchte, ist Besitzer einer kleinen Autowerkstatt. Solide Mittelklasse, sympathisch, drahtig, die schulterlangen Haare zu einem Pferdeschwanz gebunden. John ist Mitte 40, seine Frau Lydia um einiges jünger, zart, bildhübsch, schüchtern wirkt sie. Ihr Haus liegt in einer neuen Siedlung am Rande der Stadt: Bäume, die im Sommer Schatten spenden könnten, gibt es hier in dieser Siedlung – noch – keine. Die Vorgärten und die im Winter braunen Wiesen hinter den Häusern sind kahl. Die unvermeidlichen BBQ-Griller stehen – winterfest verhüllt – auf jeder Terrasse.

Religion, das Fundament des Lebens

Die Trandems sind so etwas wie eine konservative Bilderbuch-familie, stolz darauf, ihre konservativen Werte hochzuhalten, und stolz darauf, tiefreligiös zu sein. Johns und Lydias Gastfreundschaft ist überwältigend. Die Einladung zum Abendessen schlagen mein Kameramann Markus und ich zuerst aus – und wir bleiben dann doch. Vor dem gemeinsamen Abendessen reichen sich Eltern und Kinder die Hände:»Father, we thank you so much for this day, we thank you for all the opportunities you placed before us«: John ist es, der heute das Tischgebet spricht. Für die Kinder habe ich als Mitbringsel ein Miniflughafen-set mitgebracht, ein Flugzeug zu wenig, weil ich mit zwei und nicht drei Kindern gerechnet habe. Kein Problem:»We'll share«, wir wechseln uns ab, sagt Elsie, mit fast sechs die älteste der Trandem-Kinder. Wenn nicht genug für alle da ist, wird geteilt – ohne Aufforderung der Eltern. Kinder wie aus dem Bilderbuch eben.

John Trandem hat mir schon im Vorfeld gesagt, dass er sehr religiös ist. Er lässt uns für eine Stunde mit Lydia und den Kindern allein: Er geht zu seiner Bibelstunde. Wie jeden Montag-abend. Lydia besucht ihre Bibelstunde für Mütter am Mittwoch. Ihr Glaube beeinflusst alles im Leben der Trandems.»Ich bin in einer Familie aufgewachsen, für die der Glaube wichtig war, für die der Kirchenbesuch wichtig war«, sagt Lydia.»Von Kindheit an.«

»Mein Glaube definiert mich«, sagt auch John.»Er ist ganz zentral in meinem Leben, bestimmt alles. Ich folge meinem Glauben. Als Christen sind wir dazu aufgerufen und der Glaube ist auch die Basis meiner politischen Ansichten.«

Und da sind wir schon beim Thema Donald Trump angekommen. »Nehmen Sie Donald Trump denn ab, dass er religiös ist?«, frage ich John. Trump ist zweimal geschieden, hatte unzählige Affären, brüstet sich, Frauen könnten ihm nicht widerstehen.»I just grab them by the pussy«, ich bin schließlich ein Star, ich kann mir alles erlauben, sagt er in dem inzwischen berühmt-berüchtigt gewordenen Pussy-gate-Video ins Mikrofon, als er sich unbeobachtet fühlt. Knapp vor der Wahl 2016 taucht dieses Video auf und ist ein gefundenes Fressen für die Presse, besonders für die Anti-Trump-Presse.

Die Trandems haben eine Antwort darauf, die unter Evangelikalen oft zu hören ist: »Trump ist wie wir alle«, sagt John. »Auch ich bin ein sündiger Mensch. Wenn ich jemanden nur dann wählen kann, wenn ich alles, was er in der Vergangenheit getan hat, okay finde, dann könnte ich niemanden wählen. Nicht einmal mich selbst.« Er lacht. »Trump hat vieles falsch gemacht, wie wir alle. Ich glaube ihm, dass er bereut, für mich ist er ein Mann des Glaubens. Davon bin ich überzeugt.«

Trump ist von Gott auserwählt, uns zu führen – das ist die Argumentation vieler konservativ Religiöser in den USA.

Lydia ist es nicht leichtgefallen, Trump zu wählen, das gibt sie zu. Sie lächelt leicht verlegen, als ich sie danach frage: »Eine schwierige Frage«, sagt sie, »ich habe lange gebraucht, bis ich mich mit der Idee anfreunden konnte. Ausschlaggebend für mich war, dass Trump sehr gläubige Menschen in sein Umfeld geholt hat.« In erster Linie war es Ben Carson, der Lydia zum Umschwenken brachte: Mit dem einstigen Trump-Rivalen um die Präsidentschaftsnominierung, dem einzigen Schwarzen unter den Republikaner-Kandidaten, einem hoch angesehenen Chirurgen und Pionier auf dem Gebiet der Trennung siamesischer Zwillinge, hatte sie Gelegenheit, ein Gespräch zu führen, als er 2016 nach North Dakota kam. Carson, der tiefgläubig ist, ist inzwischen Wohnbauminister im Kabinett Trump.

Im Wahlkampf hat Trump immer wieder seine – angebliche – Religiosität hervorgekehrt. Bei den Evangelikalen, einer großen und für die Republikaner wichtigen Wählergruppe, hat er damit punkten können – auch wenn das bei vielen Beobachtern in den USA für Erstaunen gesorgt hat. Es ist eine Sache, Trump zuzuhören, wenn er auf die Bibel seiner Mutter schwört, sich als strikter Abtreibungsgegner gibt oder behauptet, Mitglied einer Kirche in New York zu sein (die das auf unsere Nachfrage abstreitet), eine andere Sache ist es, ihm diese Wandlung vom Saulus zum Paulus auch abzunehmen.

John und auch Lydia tun das. Sie sind strikte Abtreibungsgegner. Trumps Pro-Life-Haltung war gerade für Lydia ein wesentlicher Grund, ihn zu wählen: »Trump steht fest aufseiten der Pro-Life-Bewegung.« Das war nicht immer so, Trump ist in der Vergangenheit sehr wohl für das Recht auf Schwangerschaftsabbruch eingetreten. Als Neo-Politiker ist er zum Abtreibungsgegner mutiert und setzt voll auf diese Karte: Im Jänner 2020 ist er der erste amtierende US-Präsident, der am alljährlichen Pro-Life-Marsch auf der Mall in Washington teilnimmt. Es ist schließlich Wahlkampf.

John ist überzeugt, dass sich mit Trump als Präsident das gesellschaftliche Klima in den USA verändert hat und sich noch weiter verändern wird. Er glaubt fest, dass die als »Roe gegen Wade« in die Geschichtsbücher eingegangene Entscheidung des Obersten Gerichtshofs aus dem Jahr 1973, die die Abtreibung erlaubt, demnächst noch einmal vor dem Obersten Gerichtshof landen wird. »Seit 1973 hat sich die Wissenschaft weiterentwickelt, ist unser Wissen darüber, wann Leben beginnt und was Leben heißt, ein anderes geworden. Ich glaube, die Argumente der Abtreibungsbefürworter werden nicht mehr durch die Wissenschaft unterstützt.« An Argumenten, die seine Meinung unterstützen, fehlt es John nie – was er immer wieder nicht ohne Stolz und mit schelmischem Lächeln betont.

John, der Businessman

John ist auch der Prototyp des »Selfmademan«, des erfolgreichen Kleinunternehmers, ein Businessman wie aus dem Bilderbuch. John und seine Familie leben von der Autowerkstatt, die er am Rande der Stadt aufgebaut hat. Sie ist nicht viel mehr als eine Lagerhalle in einer Industriegegend, aber John nennt sie sein Eigen und die Werkstatt läuft gut. Er ist spezialisiert darauf, Zusatzfunktionen in Autos einzubauen. Im langen und bitterkalten Winter hier im Norden sind das vor allem Fernstarter, um Autos vorzuheizen. Hochsaison ist für ihn im Herbst, weil, wie er grinsend sagt, den Leuten erst dann wieder einfällt, dass der Winter vor der Tür steht. Häufig baut er auch Alkohol-Wegfahrsperren ein: Ein längerer Führerscheinentzug für Lenker, die alkoholisiert gestoppt werden, wäre im ländlichen North Dakota unverhältnismäßig hart. Ohne Auto ist es fast unmöglich, seiner Arbeit nachzukommen oder auch nur die Familie zu versorgen. Öffentliche Verkehrsmittel gibt es kaum oder gar nicht. Daher erlauben die Behörden oft den Einbau einer Wegfahrsperre statt eines Führerscheinentzugs.

Ich besuche ihn in seiner Werkstatt. Bilder an der Wand im kleinen Büro zeigen John mit Donald Trump, John mit dem republikanischen Senator Ted Cruz, Lydia mit Ben Carson. Ein Bild von Bill und Hillary Clinton gibt es auch, es ist auf die Dart-Zielscheibe geheftet, die an der Wand hängt. Und ziemlich durchlöchert.

Lydia kommt am Nachmittag mit den Kindern vorbei, im kleinen Büro ist eine Spielecke eingerichtet. Es ist leicht zu erkennen, warum Johns Werkstatt gut läuft: Das ist keine Hochglanzwerkstatt, aber John bietet persönlichen Service, freundlich, zuvorkommend, am Telefon und mit Kunden, die ihre Autos abholen. Kundenservice, wie man es nur in einem Kleinbetrieb finden kann. In einer Stunde will ein Kunde seinen Wagen abholen, John legt letzte Hand an, um alles fertigzustellen. Sein dreijähriger Sohn James steht daneben, schaut fasziniert zu, hält das Werkzeug bereit und »hilft«. Auch wenn das »Helfen« ein bisschen bremst, John ist ein geduldiger Vater. Dass er seine Kinder liebt, ist augenscheinlich.

Ganz klein hat John angefangen, erzählt er. Mit sehr, sehr wenig Geld hat er nach der Highschool und während seiner College-Jahre seine Autowerkstatt gegründet. Er war in den ersten Monaten nicht sicher, ob er finanziell überleben wird oder den Traum von der Selbstständigkeit wieder aufgeben und sich einen Job suchen muss. »Aber ich habe hart gearbeitet, habe die richtigen Entscheidungen getroffen – und habe im Lauf der Zeit ein Business aufgebaut, mit dem ich meine Familie erhalten kann.« Er zitiert seine Regeln des Erfolgs, die der Ökonom Walter E. Williams aufgestellt hat: die

Highschool abschließen, einen Job annehmen, erst Kinder kriegen, wenn man verheiratet ist, und nicht in die Kriminalität abrutschen. An diese Regeln hat er sich gehalten, sagt John stolz.

Johns konservative Welteinstellung hat sich erst im Erwachsenenalter gefestigt. In seinen Highschool-Jahren war er eher liberal, erzählt er mir, das war die überwiegende Stimmung an den Schulen und Universitäten in den 1980er, 1990er Jahren, er wollte nicht gegen den Strom schwimmen. »Wie die meisten jungen Menschen in meinem Umfeld war ich ein bisschen links.« Aber nach und nach hat er seine Meinung geändert, ganz besonders, als er begonnen hat, für die Republikanische Partei zu arbeiten, anfangs nur des Geldes wegen, aber dann immer mehr auch wegen deren Ideologie. »Da gehöre ich hin, zu dieser Überzeugung bin ich gekommen. Das sind die Ideale, an die ich glaube und die ich eigentlich immer schon hatte.«

Weniger Staat, mehr privat, das ist Johns Credo. »Zu viele erwarten, dass der Staat alles für uns tut, uns alles gibt. In den letzten zehn Jahren haben wir begonnen, vieles als unser Recht zu sehen, was gar nicht in der Verfassung steht, was die Gründerväter der Republik gar nicht so wollten.« Es ist ein klarer Seitenhieb auf die Demokraten und »die Linken« mit ihrer Vorsorgementalität, wie er sagt. Eine Regierung, die den Menschen alles gibt, macht sie abhängig, so seine Philosophie: »Großzügige Unterstützungsprogramme halten viele davon ab, Arbeit zu suchen und Eigeninitiative zu ergreifen. Die Machthabenden schaffen sich damit einen großen Wählerblock, der ihnen den Machterhalt garantiert. Selbstlos ist daran gar nichts, im Gegenteil.«

Hart arbeiten, das ist Johns Motto. Business – das ist für ihn die Essenz des amerikanischen Traums. Er bedauert, dass das protestantische Arbeitsethos verlorengegangen sei. »Die Menschen müssen wieder Initiative zeigen, Ambitionen haben, müssen sich mehr im Job engagieren. Sie müssen den Dollar wieder schätzen lernen, harte Arbeit schätzen lernen. Ich glaube, diese Mentalität existiert nicht mehr in Amerika.«

Es sind republikanische Werte, die John hochhält.

Neben seiner Autowerkstatt betreibt John noch ein kleines Zusatzgeschäft, das mehr Hobby ist als Geldbringer. Es ist ein kleines, aber feines Hobby. Er führt mich in eine Halle hinter der Werkstatt: An die 20 amerikanische Schlitten aus den 1960er und 1970er Jahren stehen da, alle liebevoll restauriert. John ist auf Lincolns spezialisiert. »Das ist ein 1978er Lincoln Continental Mark 5, Diamond Jubilee Edition, in lindgrüner Speziallackierung«, erklärt er mir und hebt die Stoffhülle, die das Auto vor Staub schützt. Manche der Autos tragen die Initialen der Erstbesitzer, es sind Spezialanfertigungen, wunderschön, aber für Reisen durch das Land ungeeignet. »Sie sind Benzinfresser, das geht ins Geld«, muss John eingestehen. Er nützt seine Sammlung für Ausflüge mit gleichgesinnten Freunden. »Cruise nights« nennen sie das. Wenn ein Kunde sich in einen seiner Oldtimer verliebt, dann verkauft John sie auch – zwischen 3000 und 10 000 Dollar kosten die meisten Autos, an einer kleinen Tafel in der Werkstatt sind die Kaufpreise angeschrieben. Aus gutem Grund fast versteckt: Am liebsten behält John die Autos selbst.

Delegierter 1237

Kommen wir noch einmal zurück zu Donald Trump. John ist Republikaner, und nicht nur das: Er ist in der Republikanischen Partei in North Dakota engagiert.

»Haben Sie gewusst, dass ich Mister 1237 bin?«, fragt er mich. Als ich ihn fragend anschaue, lächelt er verschmitzt. »Ich war der Delegierte, der Trump 2016 die Nominierung sichergestellt hat«, sagt er stolz und erzählt mir die Geschichte.

Die Nachrichtenagentur Associated Press (AP) wollte wie viele andere amerikanische Medien die erste sein, die ankündigt, dass Trump die für die Nominierung nötige Zahl der Delegierten hinter sich hat. 1237 Delegiertenstimmen musste Trump erreichen, um in den Vorwahlen von keinem anderen republikanischen Kandidaten mehr übertrumpft werden zu können. Also startete die AP

Ende Mai 2016 einen Telefon-Rundruf und landete bei John, der gerade mit einem anderen Delegierten auf dem Weg zu einer Veranstaltung war. »Wie viele Stimmen haben sie schon?, habe ich den Reporter gefragt. 1235 war seine Antwort. Fragen Sie doch zuerst Ben Koppleman, er ist mein Beifahrer«, erzählt John. Der AP-Reporter tut es, Koppleman bestätigt: Er wird für Trump stimmen. »Haben Sie jetzt 1236 Stimmen für Trump? Dann fragen Sie mich nochmal! Now I'm your guy!« Johns Stimme war damit die 1237ste für Donald Trump, die Stimme, die ihm auf dem Parteitag die Kür zum Präsidentschaftskandidaten garantiert hat. Für die Medien war John ab diesem Zeitpunkt Mister 1237. Beim Parteikonvent in Cleveland ein paar Monate später, im Sommer 2016, war John dann auch Mitglied der Delegation aus North Dakota – die Delegation aus dem kleinen und eher unwichtigen Bundesstaat hatte einen Ehrenplatz in der Versammlung, weil, wie es im US-Politjargon heißt, »they carried Trump over the top«, sie haben ihm die Nominierung gesichert.

Trump-Fan auch drei Jahre später

John ist ein Trumper der ersten Stunde. Aber hat Trump in seiner Amtszeit gehalten, was er versprochen hat? Im Vorwahlkampf 2020 fliege ich noch einmal nach Fargo. Drei Jahre Trump, drei Jahre Populismus mit erratischer Außenpolitik, mit nicht eingehaltenen Versprechen und einem Image im Ausland, das zwischen Showman auf Ego-Trip und gefährlichem starkem Mann schwankt.

Es ist Jänner und ich erfahre, was Winter im nördlichen Mittleren Westen wirklich heißt. Der Tag ist sonnig und strahlend schön, aber klirrend kalt – minus 29 Grad Celsius zeigt das Thermometer. Der Red River ist zugefroren, im Landeanflug auf Fargo als Fluss nur zu erkennen, weil sich ein weißes Band in Mäandern durch die Stadt schlingt. Schneefahrbahnen gibt es auch im Stadtzentrum. Fußgänger sieht man kaum – wenn, dann gleichen sie dick vermummten Michelin-Männchen. Ihre Autos lassen die Fargoans laufen, wenn sie Besorgungen erledigen – und sie parken möglichst direkt vor der Tür. Jeder Schritt weniger zählt.

In Johns Werkstatt warten mehrere Kunden auf ihre Autos. Winter ist Hochsaison. Zeit für ein Gespräch über Politik hat John Trandem aber immer.

Wenig überraschend fällt die Bilanz nach drei Jahren Trump für John positiv aus. »Trump hat eine Steuerreform durchgesetzt, die hat fast allen etwas gebracht. Und ich bin sehr zufrieden, dass er Obamacare weitgehend entschärft hat«, sagt John und bringt Beispiele, warum Obamacare schlecht war: »Wir hatten eine Krankenversicherung, bevor Obamacare Gesetz wurde, wir haben etwas mehr als 400 Dollar Prämie im Monat gezahlt, der Selbstbehalt lag bei 6000 Dollar. Obama hat versprochen, dass jede Familie 2500 Dollar im Jahr sparen würde, dass wir unsere Ärzte und auch unsere Krankenversicherung behalten könnten. Eine Lüge. Es hat nicht lange gedauert, dann gab es unsere Krankenversicherung nicht mehr. Sie haben uns eine andere angeboten: Die Prämie war dreimal so hoch, der Selbstbehalt war viermal so hoch. Also waren wir acht Jahre lang gar nicht versichert. Wir haben uns dann einer christlichen Selbstversicherungsgruppe angeschlossen. Ich hatte eine Operation, die war gedeckt, die Hebamme für meine Frau ebenfalls. Das funktioniert für uns und unsere Selbstversicherung ist auch staatlich anerkannt. Aber bei Verwandten von mir ist das anders. Sie waren früher versichert. Die Prämien waren mit Obamacare plötzlich sehr viel höher, sie konnten sich die Versicherung nicht mehr leisten. Um einen Zuschuss zu erhalten, haben sie ein bisschen zu viel verdient. Weil sie keine Versicherung hatten und sich keine leisten konnten, mussten sie – weil Obamacare das so vorschrieb – fast 2000 Dollar im Jahr Strafe zahlen. Das ist unfair. Damit hätten sie Arztrechnungen bezahlen können. Das hat viele in meinem Bekanntenkreis getroffen.«

Obamacare hat zwar für Millionen Amerikaner eine Krankenversicherung überhaupt erst möglich gemacht – für Arbeitslose, Menschen mit schlecht bezahlten Jobs oder Menschen mit bereits bestehenden Krankheiten, aber Obamas Gesundheitsreform hat sich eben nicht für alle gleich ausgewirkt. John und seine Bekannten zählen zu den Verlierern.

Johns Lieblingsthema ist aber die Wirtschaft. »Business is great. Alles läuft bestens«, strahlt John. »Mit meiner Werkstatt verdiene ich so gut wie nie zuvor, die Kunden geben mehr Geld aus, sie kaufen neue Autos. Wir besitzen ein paar Wohnungen, die wir vermieten, keine einzige steht frei, wir haben keine Mietausfälle. Und unsere Mieter sind keine Großverdiener, sie kommen aus den unteren Einkommensschichten.« Aber John will fair bleiben und gibt zu, dass nicht alles auf Trumps Wirtschaftspolitik allein zurückzuführen ist.

Wie viele Amerikaner legt John Geld an der Börse an, als Zukunftsvorsorge in einem Land, in dem Pensionsvorsorge in erster Linie der Eigeninitiative überlassen bleibt. Die Märkte sind unter Trump nach oben geklettert. Nicht an Trumps Wahlsieg zu glauben, war ein Fehler, sagt John heute: »Weil ich nicht sicher war, ob Trump oder Hillary die Wahl gewinnen und wie die Märkte reagieren würden, bin ich in sichere Anlageprodukte umgestiegen. Das hätte ich nicht tun sollen. Trump ist gewählt worden und die Aktien sind nach oben geschnellt.« Er lächelt spitzbübisch. Von den sicheren Produkten ist John Trandem längst wieder auf risikoreiche Anlageprodukte umgestiegen.

Und noch etwas, fast hätte John es vergessen. Auch die Richterbestellungen Trumps findet er extrem positiv: die große Anzahl von Bundesrichtern, die Trump in den letzten drei Jahren nominiert hat, und vor allem die zwei konservativen Richter am Obersten Gerichtshof, Neil Gorsuch und Brett Kavanaugh, wie alle Obersten Richter auf Lebenszeit nominiert und damit für vermutlich die nächsten Jahrzehnte Garanten für eine konservative Auslegung der Gesetze. »Das ist ermutigend«, sagt John, »die Gerichte sollten sich an die Verfassung und die Gesetze halten und nicht gesellschaftspolitische Entscheidungen treffen, wie sie das mit der Ehe für gleichgeschlechtliche Paare getan haben. Der Begriff Ehe ist ohnehin falsch, eine Ehe kann es nur zwischen Mann und Frau geben, das steht so geschrieben, das ist gottgegeben.«

Auch was Trumps Außenpolitik betrifft, die die Welt als sprung-haft und unberechenbar ansieht, ist John ganz auf der Seite des US-Präsidenten. »Er macht das, was wir seit Jahren und Jahrzehnten verabsäumt haben. China hat er gezeigt, dass wir uns nicht über den Tisch ziehen lassen. Mit Mexiko und Kanada hat Trump ein neues und besseres Freihandelsabkommen verhandelt. Er hat da sogar die Demokraten mit an Bord bekommen. Mit dem Schlag gegen den iranischen General Soleimani im Jänner 2020 hat er ge-zeigt, dass er gegenüber dem Iran entschieden auftritt. Das ist gut. Das ist man im Ausland nicht mehr gewöhnt. Trumps Nordkorea-politik kann man kritisieren, aber wenigstens tut er etwas – nicht wie seine Vorgänger, die nichts getan haben. Mit einem Verrückten wie Kim Jong-un umzugehen, ist schwierig. Aber wir zeigen Stärke und sind gleichzeitig bereit zu verhandeln.«

Johns Argumente sind die, die fast täglich in konservativen Medien zu hören und zu lesen sind. »Wir sind das einzige Network, das über die ausgezeichnete Wirtschaftslage berichtet«, höre ich immer wieder auf »Fox and Friends«, dem Frühstücksfernsehen des konservativen Senders Fox, in das sich Trump selbst manchmal gerne per Telefon zuschaltet. Präsident Trump sei ein guter Ver-handler, kein klassischer Politiker. Kapitalismus und freie Markt-wirtschaft seien die Antwort auf alles, verkünden da Moderatoren und Experten.

Heimunterricht: Leben in der konservativen Blase

Die Trandems laden mich auch drei Jahre nach meinem ersten Besuch wieder zu sich nach Hause ein. Die Kinder, die inzwischen achtjährige Elsie, der sechsjährige James und die vierjährige Mar-cella freuen sich auf die Fernsehkameras. Alle drei lernen Klavier spielen. Elsie, die älteste, hat extra für uns ein neues Lied ein-studiert.

Lydia unterrichtet die Kinder zu Hause. Das sogenannte Home-schooling ist in den ländlichen Bundesstaaten wie North Dakota nicht so selten. Zwei Millionen Kinder, das sind knapp vier Prozent der Schulpflichtigen, werden von den Eltern zu Hause unterrichtet. Nach Lehrplänen, versteht sich, aber nicht an Schulen. Oft sind es die Entfernungen, die Eltern dazu bringen, ihre Kinder zu Hause zu unterrichten. Lydia und John sagen, sie wollen einfach so viel Zeit wie möglich mit ihren Kindern verbringen, die ohnehin zu schnell erwachsen werden. Sehr oft hört man in konservativen Kreisen auch, dass die öffentlichen Schulen zu liberal seien. Das ist auch für die Trandems ein wesentlicher Beweggrund. »Oft sind die Lehrer und Lehrerinnen ideologisch geprägt, wollen keine Diskussionen oder andere Meinungen. Ganz schnell sind Kinder da isoliert, wenn sie eine andere Meinung haben. Das will ich nicht für meine Kinder. Ich will nicht, dass sie mit ihrem christlichen Weltbild Außenseiter sind.«

Bis zum Highschool-Abschluss, bis 18, will Lydia ihre Kinder unterrichten. Meinen Einwand, dass sie vielleicht nicht genug Kontakt mit Gleichaltrigen hätten, wischt Lydia lachend vom Tisch. »Ich lache, weil ich dieses Argument immer wieder höre. Nein, meine Kinder haben sehr viel Kontakt zu anderen, wir treffen uns einmal in der Woche in unserer Homeschooling-Gemeinschaft, da sind die Kinder in Gruppen mit Gleichaltrigen und haben auch andere Mütter als Lehrerinnen. Wenn der Unterrichtsgegenstand zu schwierig wird, dann gibt es Experten in unserer Gruppe, die die Kinder unterrichten. Wann immer ich mich als Lehrerin meiner eigenen Kinder überfordert fühle, habe ich Unterstützung durch andere. Aber ich kenne meine Kinder besser als jede andere, kann viel mehr auf ihre Bedürfnisse eingehen und ihre Begabungen fördern.«

Externe Tests müssen absolviert werden, sie sichern, dass Kinder, die zu Hause unterrichtet werden, auch die vorgeschriebenen Lernziele erreichen. Noch etwas ist Lydia wichtig: »Meine Kinder sollen ihre Meinung offen sagen können, aber auch andere Standpunkte respektieren.«

Den Dialog, das Verständnis für andere, das vermissen Lydia und John im gegenwärtig so gespaltenen Amerika. Auch wenn sie selbst sehr konservativ sind und ihre Haltung eloquent verteidigen, Platz für andere Meinungen muss sein. »Ich habe viele Bekannte und auch Freunde, die ideologisch ganz woanders stehen als ich«, sagt John. »Das ist gut so. Ich kann ein gewisses Verständnis für sie aufbringen, aber ich muss deswegen nicht meine Meinung ändern.«

Und auch zum Homeschooling hat John, der auf Individualismus setzt und zu viele Vorschriften als Einmischung des Staates in private Angelegenheiten sieht, eine dezidierte Meinung: »In North Dakota finanziert die property tax, die Grund- und Vermögensteuer, zu 60 Prozent das öffentliche Schulsystem. Das ist unfair. Ich schicke meine Kinder nicht in öffentliche Schulen und finanziere ihre Ausbildung selbst, warum soll ich dann so viel property tax zahlen? Da liegt gerade ein Gesetzesvorschlag im Kongress unseres Bundesstaates auf dem Tisch, ich hoffe, er geht durch.«

Fast schon im Weggehen frage ich ihn noch kurz, was er vom Impeachment-Prozess gegen Präsident Trump hält. »Ein Scherz«, sagt John, »das wollten die Demokraten von Tag Eins an.«

Unverbrüchliche Treue

Nachdem in den USA im Jahr 2020 eine Krise die andere jagt (und eine dritte Reise nach Fargo wohl doch übertrieben wäre), setzen John und ich unsere Konversation über E-Mails fort, in mehreren Etappen.

Die Corona-Krise hat Spuren hinterlassen. »Stay at home«, zu Hause bleiben, hat es überall geheißen. Auch hier in den USA waren Schulen geschlossen, nur die notwendigsten Geschäfte durften offenhalten, in vielen Bundesstaaten galten die Einschränkungen bis weit in den Juni hinein.

Johns Autowerkstatt hat, wie alle Kleinunternehmen in diesem Land, Einbußen hinnehmen müssen. Doch es geht wieder aufwärts. Zu seinem Präsidenten steht er nach wie vor, auch zu dessen Krisenmanagement, das auf viele dilettantisch gewirkt hat und von der Bevölkerung mehrheitlich als unzulänglich empfunden wurde. »Trumps frühzeitiges Einreiseverbot aus China wurde als rassistisch und xenophob kritisiert, im Nachhinein haben die, die zuerst kritisierten, gesagt, er habe nicht genug getan. Ich bin überzeugt, Präsident Trump hat das Bestmögliche getan in einer sich ständig ändernden Situation. Er hat nicht unbedingt alles richtig gemacht, aber er hat nicht gezögert, die Führungsrolle zu übernehmen, in Situationen, in denen andere zuerst das politische Fahrwasser ausgelotet hätten. Er ist ein Macher.«

Und: »Die Corona-Krise hat meine Haltung zum Präsidenten nicht verändert, aber sie hat gezeigt, wie opportunistisch seine Gegner sind: nur darauf aus, den Präsidenten zu Fall zu bringen. Sie denken nicht an die Amerikaner, die unter der Krise leiden, oder daran, was die Wirtschaft braucht. Sie sind nur darauf aus, ihre eigenen Ziele zu verfolgen – das sollte objektiv denkenden Menschen wirklich die Augen öffnen.«

Dass Trump auf dem Höhepunkt der Pandemie oft Wissenschaftlern widersprochen hat oder Hydroxychloroquin aus reinem Bauchgefühl heraus und ohne wissenschaftliche Grundlage als Medikament empfohlen hat, darüber sieht John hinweg. »Wenn der Präsident etwas besser gemacht haben könnte, dann: nicht so viel Vorsicht walten lassen.«

Die Wirtschafts-Ankurbelungsprogramme – 1200 Dollar per Scheck oder Prepaid Card für jeden Steuerzahler, Überbrückungshilfe für Kleinunternehmen – waren für John Trandems Geschmack zu viel des Guten. »Ich wette, wäre das nicht ein Wahljahr, wären die Geldgeschenke magerer ausgefallen.«

Die Corona-Pandemie war noch nicht vorbei, da brach die nächste Krise über das Land herein. Ein brutaler Mord, man kann es nicht anders nennen, begangen durch einen Polizisten an dem Afroamerikaner George Floyd in Minneapolis. Massenproteste gegen den in den USA systemimmanenten Rassismus und gegen Polizeigewalt waren die Folge. Der Präsident meldete sich zu Wort, aber nicht, um an Einigkeit und Zusammengehörigkeit zu appellieren, sondern um sich für Law and Order, Recht und Ordnung, stark zu machen und um mit dem Einsatz von Truppen gegen Demonstranten zu drohen.

Der Präsident habe sich bei den Protesten in seiner Rhetorik zurückgehalten – »oddly«, ungewöhnlich für ihn, findet John, doch es sei richtig gewesen: »Proteste sind Sache der lokalen Behörden. Hier in Fargo hat die Polizei gute Arbeit geleistet und versucht, einen Dialog mit den Demonstranten aufzubauen.« Dass die Medien Trump kritisieren, überrascht John nicht, »die Mainstream-Medien sind seine Gegner«.

Könnte die Wiederwahl Trumps nach diesem turbulenten ersten Halbjahr 2020 gefährdet sein? »Es fällt mir schwer zu glauben, dass die Demokraten angesichts einer fehlenden Vision, eines schwachen Kandidaten und einer schwächelnden Wirtschaft gegen Trump bestehen können. Unter Trump hatten wir ein noch nie dagewesenes Wirtschaftswachstum und eine extrem niedrige Arbeitslosigkeit. Dank ihm sind wir halbwegs gut aus der Corona-Krise herauskommen. Die Börsen steigen wieder. Gegen Trump zu sein ist keine Plattform, mit der die Demokraten gewinnen können.«

Was hält John Trandem von Joe Biden, will ich wissen, dem auch durchaus wohlmeinende Beobachter vorwerfen, ständig ins Fettnäpfchen zu treten und des Öfteren seine eigenen Statements geraderücken zu müssen? »Ein schrecklicher Kandidat, der genau das verkörpert, was die Linke Präsident Trump vorhält: Er ist ein Lügner. Biden ist ein Rezept für Peinlichkeit und Versagen – die Linken werden das erst erkennen, wenn es zu spät ist.«

Es ist mehr oder weniger pro forma, dass ich John Trandem noch einmal die Frage stelle: Wen wird er wählen?

»Mit gutem Gewissen Donald Trump«, sagt John.

Die Abtrünnigen

Der Kampf um die Stimmen der christlich-evangelikalen Wähler

Texas ☆ David Kriegleder

»Hallelujah everyone, praise the Lord!« Der texanische Pastor eröffnet den Gottesdienst, der Chor beginnt zu singen, »This little light of mine«, begleitet von rhythmischem Klatschen und Schlagzeug. Kinder tanzen vor dem Altar. In der Scofield Memorial Church am Stadtrand von Dallas haben sich wie jeden Sonntagvormittag mehrere Dutzend Gläubige eingefunden. Die Stimmung ist herzlich, familiär, weltoffen – eine kleine und intime Gemeinde und gerade deswegen für Tess Clarke etwas ganz Besonderes.

»Unsere Familie kommt seit zwei Jahren hierher, um zu beten. Die Liebe zu Jesus und der gemeinsame Gottesdienst mit unseren Mitmenschen, das gibt mir Kraft, um durch die Woche zu kommen.«

Die gebürtige Texanerin ist 36, sie trägt ihr brünettes Haar offen, lächelt viel und zeigt dabei ihre makellos weißen Zähne. Tess strahlt eine aufrichtige Warmherzigkeit aus und spricht mit schwerem texanischem Akzent. »Wir Amerikaner arbeiten so viel und haben dabei kaum Zeit zum Verschnaufen – da sind solche Momente der Gemeinschaft und Kontemplation besonders wichtig.«

Auf der Kirchenbank neben Tess sitzen ihre drei Kinder, der achtjährige Roman, die fünfjährige Hilton und der drei Jahre alte Cruz, den sie als Neugeborenen adoptiert hat. Ebenfalls an ihrer

Seite ist ihr Ehemann Jason, der für eine Entwicklungs-NGO arbeitet. Zwischenzeitlich lebten die beiden in China und im Oman, ehe sie zurück nach Texas kamen, wo Tess an der University of Northern Texas ein Soziologiestudium absolvierte.

Tess Clarke bezeichnet sich als tiefreligiöse, evangelikale Anhängerin von Jesus Christus. Die »Evangelicals« sind die größte religiöse Gruppierung in den USA, je nach Definition ist jeder vierte oder sogar jeder dritte Amerikaner Mitglied dieser protestantischen Glaubensrichtung. Ihren zahlreichen Untergruppen gehören Lutheraner, Baptisten, Presbyterianer und verschiedene Freikirchen an. Über 80 Prozent ihrer Mitglieder sind weiß. Die Evangelikalen zählen seit Jahrzehnten zu einer verlässlichen und wichtigen Wählergruppe der Republikanischen Partei.

Die konservative Allianz zwischen »Big Business« und frommen Amerikanern in den ländlichen Regionen – die »moral majority« – brachte Präsident Ronald Reagan 1980 ins Weiße Haus. Und auch im Jahr 2016 waren es die evangelikalen Wähler, die Donald Trump maßgeblich zum Sieg verholfen haben. Und das, obwohl Trumps Privatleben und auch seine Politik in vielen Bereichen so gar nicht den klassischen christlichen Werten entsprechen. Ein Widerspruch, der bei Tess Clarke einen tiefen Reflexionsprozess angestoßen hat, der schließlich zu einem Bruch mit ihren bisherigen politischen Loyalitäten führte.

Die Krux mit der Abtreibung

»Als Donald Trump gewählt wurde, habe ich begonnen, mich neu mit meinem Glauben auseinanderzusetzen und gleichzeitig viele Themen und Standpunkte zu hinterfragen«, erzählt sie. »Ich habe mein ganzes Leben lang die Republikaner gewählt, in erster Linie, weil ich ›pro life‹ bin, also gegen Abtreibung.« In den USA und besonders in Texas habe es stets dieses ungeschriebene Gesetz gegeben, dass jeder, der gegen Abtreibung ist, auch republikanisch wählen muss, sagt Tess. »Das haben uns viele unserer Pastoren schon seit Kindesjahren mit auf den Weg gegeben.« Dieser Umstand habe auch viele Menschen in ihrem Bekanntenkreis bei der vergangenen Wahl beeinflusst. »Fast niemand hier mochte Trump, aber er hat versprochen, konservative Höchstrichter zu ernennen, von denen viele Menschen hoffen, dass sie die Abtreibungsgesetze verschärfen werden.«

Zwei solche Höchstrichter hat Präsident Trump bereits bestellt – Neil Gorsuch und Brett Kavanaugh. Der neu zusammengesetzte Supreme Court hat bis dato jedoch noch kein Urteil in einem der mit der Abtreibungsdebatte verbundenen Fälle gesprochen.

Der Schutz des ungeborenen Lebens sei ein sehr emotionales Thema für viele Evangelikale, sie verstehe das, sagt Tess Clarke. Doch dann habe sie begonnen, sich intensiver mit dem Thema und all seinen Nuancen zu beschäftigen. »Und je mehr ich recherchiert habe, desto mehr wurde mir klar, dass die Sache viel komplizierter ist, wenn man sie abseits der politischen Kampfrhetorik betrachtet. Ich habe etwa gesehen, dass die Zahl der Abtreibungen in den USA unter demokratischen Präsidenten wie Barack Obama zurückgegangen ist, weil Frauen der Zugang zu Verhütung und Gesundheitsberatung erleichtert wurde. Und weil die Demokraten tendenziell Sozialprogramme und staatliche Leistungen fördern, die es finanziell schlechter gestellten Frauen erleichtern, sich für ein Kind zu entscheiden.«

Sie habe erkannt, dass man sich mit den sozialen Ursachen von Schwangerschaftsabbrüchen auseinandersetzen muss, wenn man die Zahl der Abtreibungen reduzieren wolle. Gesetzliche Verbote, wie sie viele Evangelikale fordern, würden nichts bringen, da Frauen ja dann trotzdem weiter im Stillen, illegal und unter großen medizinischen Risiken abtreiben würden.

»Das heißt, ich bin nach wie vor ›pro life‹, also gegen Abtreibung, aber meine Perspektive, wie wir dieses Ziel erreichen, hat sich geändert«, sagt Tess Clarke. Die amerikanischen Evangelikalen dürften sich vom Thema Abtreibung nicht mehr in republikanische Geiselhaft nehmen lassen, so die Texanerin.

Tess betreibt in Dallas seit vielen Jahren eine NGO, die sich mit den Opfern sexueller Gewalt beschäftigt und junge Frauen stärken will – ihr Projekt nennt sich »Shine for Teen Girls«. Viele der Frauen, mit denen sie arbeitet, kommen aus Lateinamerika – es sind Einwanderer der ersten Generation und Flüchtlinge. Und hier fand Tess schließlich das zweite große Thema, das im Sommer 2018 ihre Entfremdung von der Republikanischen Partei besiegelte.

Ein politischer Befreiungsschlag

Als die Trump-Regierung ihre Asyl- und Grenzschutzpolitik verschärfte, gingen Fotos von in Käfigen eingesperrten und von ihren Eltern getrennten Flüchtlingskindern ums ganze Land. Die Fotos stammen aus offiziellen Flüchtlings- und Schubhaftzentren an der amerikanisch-mexikanischen Grenze – eine Maßnahme, mit der das Weiße Haus weitere Zuwanderer abschrecken wollte.

»Ich dachte mir, oh Gott, das könnten meine Kinder sein, die sind im selben Alter. Es hat mir das Herz gebrochen und ich musste weinen. Ich habe mir gedacht: Das können wir doch nicht zulassen, das ist unchristlich, unamerikanisch und untexanisch«, sagt Tess.

Vieler ihrer texanischen Freundinnen sahen das genauso – es war ein Thema, ein zivilisatorischer Bruch, der Frauen und Mütter in beiden politischen Lagern schockierte. Zum Schluss machte selbst First Lady Melania Trump Druck auf den Präsidenten, der die umstrittene Praktik schließlich wieder zurücknahm. Trotzdem dauerte es Monate, bis viele der inhaftierten Kinder wieder mit ihren Eltern zusammengeführt wurden. »Mir wurde damals klar, dass unser Land seine traditionellen Werte aus dem Fenster geworfen hat«, sagt Tess Clarke, »unsere tief amerikanische Willkommenskultur gegenüber den Fremden, den Einwanderern, den Verfolgten und den Unterdrückten.«

Die Dämonisierung von Einwanderern schockierte Tess: »Die Regierung bezeichnete die Migranten damals demonstrativ als ›Aliens‹, nur um ihnen das Menschliche abzusprechen. In vielen Medien wurden Angst und Hysterie verbreitet, auch in meinem

Bekanntenkreis wurden die Menschen von den ganzen Falsch-informationen erschlagen.«

Also ergriff die engagierte Texanerin selbst die Initiative. Sie begann Nachbarschaftsreisen zu den Flüchtlingszentren an der Grenze zu organisieren und danach weitere Reisen nach Mexiko, damit sich ihre Freunde und Bekannten ein Bild von der Lage der Menschen dort machen konnten.

»Die Menschen, die wir bei diesen Reisen getroffen haben, waren keine kriminellen Bandenmitglieder – das waren keine Monster, die zu uns kommen wollen, um zu plündern und zu vergewaltigen, wie oft suggeriert wird. Im Gegenteil, diese Menschen aus Mittel-amerika fliehen vor genau denselben Gefahren in ihrer Heimat, vor denen wir uns fürchten, wenn wir die Einwanderer bei unseren Grenzübergängen sehen.«

Tess gründete daraufhin eine zweite Non-Profit-Organisation namens »Seek the Peace«, die mit Migranten und Flüchtlingen arbeitet. Die Organisation sammelt und schreibt die Geschichten der Einwanderer nieder, um die Hintergründe ihrer Flucht einer breiteren Öffentlichkeit zu vermitteln. Gleichzeitig veranstaltet Tess dort »Peacemaking«-Workshops, bei denen engagierte Bürger aus Dallas gemeinsam mit den Migranten etwa Duftkerzen und Kosmetikprodukte herstellen und vertreiben, was das Selbstwert-gefühl der Migranten stärken soll und gleichzeitig Einkommen und Spenden einbringt. Dieses humanitäre Engagement von Tess Clarke kulminierte schließlich in einen Akt politischer und religiö-ser Emanzipation. Sie gab gemeinsam mit mehreren Freundinnen der »New York Times« ein viel beachtetes Interview. Darin kündig-ten die Frauen an, trotz ihres evangelikalen Hintergrundes bei den US-Kongresswahlen im November 2018 für den demokratischen Senatskandidaten Beto O'Rourke stimmen und werben zu wollen. Der jungenhafte Texaner tritt für eine humane Asylpolitik und eine weitreichende Einwanderungsreform ein und begeisterte mit sei-nem Traum von einem vereinten und bunten Bundesstaat vor allem junge Wähler. Der charismatische O'Rourke unterlag zwar schluss-endlich knapp seinem republikanischen Kontrahenten Ted Cruz.

Doch seine leidenschaftlich geführte Kampagne zeigte auf, dass sich der seit Jahrzehnten tief republikanische Bundesstaat demografisch verändert hat und künftig von den Demokraten zurückerobert werden könnte. Texas ist mit seinen knapp 30 Millionen Einwohnern und seiner riesigen Wirtschaftsleistung, die jener von Kanada entspricht, bei jeder US-Wahl ein heiß begehrter Preis.

Für O'Rourke stimmte auch die Mehrheit der in den Vorstädten lebenden, gebildeten urbanen Frauen wie Tess Clarke. Diese Wählergruppe lief den Republikanern bei den Kongresswahlen 2018 in Scharen davon und ermöglichte den Demokraten die Rückeroberung des US-Repräsentantenhauses. Es ist eine Wählergruppe, die auch 2020 das Zünglein an der Waage spielen könnte.

Für ihr »New York Times«-Interview wurde Tess Clarke vielfach angefeindet und in Sozialen Medien auch als »Ketzerin« beschimpft. »Eine meiner Freundinnen ist im letzten Moment von dem Interview abgesprungen, weil sie ihre Ehe nicht gefährden wollte«, erzählt sie. »Diese Freundin hat buchstäblich davon gesprochen, dass man sie in ihrem Familienkreis kreuzigen und auf den Scheiterhaufen werfen würde, wenn sie sich öffentlich für einen demokratischen Kandidaten ausspricht.«

»Ja, das war ein sehr mutiger Schritt, den diese Frauen gesetzt haben. Sie können sich gar nicht vorstellen, wie das hier in Texas Wellen geschlagen hat«, erzählt uns ein Kirchgänger aus Tess Clarkes Gemeinde beim Pfarrkaffee.

Gottes Werk und Trumps Beitrag

Seither macht sie einen noch größeren Bogen um die konservativ-evangelikalen Megakirchen des Bundesstaates. Diese gigantischen Gebetstempel ragen neben mehrspurigen Autobahnen in den Himmel und ähneln dabei Sportstadien. Ihre riesigen Plakatwände werben um die Seelen der Vorbeireisenden.

»Jesus ist die Antwort«, steht auf einem.

»Armageddon steht bevor – bist du bereit?«, warnt ein weiteres.

»Amerika ist eine christliche Nation und Trump ist unser Retter«, liest man auf einem anderen.

Eine der bekanntesten evangelikalen Megakirchen der Stadt ist die First Baptist Church im Zentrum von Dallas. Ein riesiger Glasbau, dessen Vorderseite ein opulenter Springbrunnen ziert. Das Kirchengebäude wurde in den vergangenen Jahren zu einem großen Campus und Veranstaltungszentrum ausgebaut. An zahlungskräftigen Spendern und Förderern fehlt es dieser Gemeinde ganz offensichtlich nicht. Die sonntäglichen Messen sind richtige Events und locken mehrere Tausend Besucher an.

Wir wollen für unsere ORF-Reportage ein Bild vom Inneren dieser Megakirche machen, doch eine offizielle Drehgenehmigung haben wir nicht erhalten. Also geben wir uns beim Eingang als neugierige Touristen aus Österreich aus. Man bittet uns freundlich herein – der Möglichkeit, zwei Katholiken zu bekehren, können die Empfangsdamen offenbar nicht widerstehen. Handyaufnahmen werden explizit erlaubt, man reicht uns Broschüren und führt uns in die große Gebetshalle. Diese gleicht einem Konzertsaal, inklusive mehrerer Kinoleinwände und einer Hightech-Soundanlage. Das Publikum ist gemischt und tendenziell etwas älter. Geleitet wird die First Baptist Church vom bekannten Prediger Robert Jeffress. Er ist ein glühender Trump-Anhänger und für seine regelmäßigen Auftritte beim konservativen TV-Sender Fox News bekannt. An diesem Tag empfängt er eine Kampfpilotin auf der Bühne. Die Frau erzählt von ihrer Begegnung mit Gott, als sie sich bei einem verunglückten Trainingsflug per Schleudersitz und Fallschirm retten musste.

Warum haben über 80 Prozent der evangelikalen Wähler 2016 Präsident Trump ihre Stimme gegeben? Diese Frage beschäftigt Journalisten und Akademiker des Landes. Neben Trumps ablehnender Haltung gegenüber Abtreibung und seinen Höchstrichter-Bestellungen wird auch immer wieder seine beispiellos pro-israelische Politik im Nahostkonflikt genannt, die viele US-Christen gutheißen. Trump und die Evangelikalen – eine politische Zweckehe, so ließe sich dieser Erklärungsansatz zusammenfassen.

In diese Bresche schlägt auch Autor Ben Howe, der in seinem Buch »The Immoral Majority: Why Evangelicals Chose Political Power over Christian Values« das Bild einer von tief verwurzelter Bigotterie getriebenen Bewegung zeichnet, die sich von der fortschreitenden Säkularisierung in den USA bedroht fühlt. Er beschreibt eine zunehmend radikalisierte Glaubensgemeinschaft, die, gekränkt von zahlreichen juristischen Niederlagen im amerikanischen Kulturkampf – zu Abtreibung und Homo-Ehe –, einen Rachefeldzug gegen die liberalen Bewohner der Küstenstädte gestartet hat und Trump dafür als Vehikel nutzt.

Der Investigativjournalist und ehemalige »New York Times«-Korrespondent Chris Hedges geht noch einen Schritt weiter. Er warnte in seinem Buch »American Fascists – The Christian Right and the War on America« bereits vor über zehn Jahren vor dem Aufstieg von religiösem Extremismus und christlichem Fundamentalismus in den USA. Für seine Recherche tauchte Hedges damals tief in die Welt radikalisierter evangelikaler Gemeinden ein, denen er klerikal-faschistische Züge und religiöse Allmachtsfantasien attestiert. Etliche dieser Gruppen würden die in der US-Verfassung verankerte Trennung von Staat und Religion durch politisches Engagement zu Fall bringen wollen, schreibt Hedges. Sie würden dazu die Sprache und die Ikonographie des Religiösen mit der Sprache und der Symbolik des Nationalismus verbinden – eine giftige und gefährliche Mischung, die ihn stark an die Dynamik vor dem Zerfall Ex-Jugoslawiens erinnere.

Pastoren auf Tournee

Doch die politische Radikalisierung des evangelikalen Lagers hat auch Gegenreaktionen ausgelöst, nicht nur bei Tess Clarke. Eine wachsende Bewegung innerhalb der evangelikalen Kirchen, die sich »Emerging Church« nennt, will ihren Glauben nutzen, um sozialliberale Ideale zu verbreiten und damit die evangelikale Botschaft an die Gesellschaft des 21. Jahrhunderts anzupassen. Einer ihrer

Vertreter ist der charismatische Pastor und Aktivist Doug Pagitt aus Minnesota. Er hat die Aktion »Vote Common Good« – also »Wähle das Gemeinwohl« – ins Leben gerufen. Gemeinsam mit sieben weiteren evangelikalen Pastoren tourte er im Herbst 2018 einen ganzen Monat lang mit dem Bus durch die USA. 31 Städte in 31 Tagen, Tausende Kilometer und eine Mission: religiöse Wähler wachzurütteln und zur Wahl demokratischer Oppositionskandidaten zu bewegen.

Wir treffen die Gruppe an einer Raststation südlich von Austin, Texas, ihr Konvoi besteht aus drei Bussen – Dutzende Freiwillige haben sich der Tour angeschlossen. »Die Republikaner haben vielen religiösen Würdenträgern und Wählern eingeredet, dass sie lieber Donald Trump als den Lehren von Jesus folgen sollen. Das hat zu einer tiefen Glaubenskrise geführt. Trump ist eine Gefahr für das Land und die Welt und er muss gestoppt werden«, sagt Initiator Doug Pagitt. Die Gruppe ist auf dem Weg nach San Antonio, um dort eine ihrer vielen Messen und Informationsabende zu veranstalten. Das Innere des Pastoren-Busses strahlt »Rock'n'Roll«-Tourneefeeling aus. Roadies schlafen auf einem Matratzenlager. Gitarrenkoffer und Energydrinks kugeln herum. Die Reisenden singen »This land is your land, this land is my land«, ein afroamerikanischer Pastor begleitet sie auf dem Keyboard mit bluesiger Stimme. Die flache Landschaft des Bundesstaates zieht an uns vorbei. Die Wege des Herrn sind unergründlich und im Falle von Texas manchmal sehr weit.

Mit an Bord ist auch die evangelikale Buchautorin Christy Berghoef. Sie sagt, das Wichtigste an der Tournee sei es, evangelikale Frauen aus dem ideologischen Zwinger ihrer Ehemänner und ihrer konservativen Pastoren zu befreien. »Diese Frauen fürchten soziale Isolation, wenn sie sich kritisch gegenüber Trump oder den Republikanern äußern, und gerade in ländlichen Regionen kann so ein Schritt zu sozialer Ausgrenzung führen. Daher ist es so schön, wenn wir erleben, wie sich Frauen auf unseren Veranstaltungen begegnen, die aus denselben Gemeinden stammen und voneinander gar nicht wussten, dass sie Gleichgesinnte sind«, sagt Berghoef. Die

»Vote Common Good«-Initiative will sich auch vor der Präsidentschaftswahl 2020 wieder auf landesweite Tournee begeben, wenn es die Corona-Situation zulässt. Denn es geht um jede Stimme.

Trumps Kampf um evangelikale Wähler

Das weiß auch Donald Trump, der seit Monaten wieder verstärkt um evangelikale Stimmen buhlt, die seine Wiederwahl sichern sollen. Dafür bezeichnet er sich auch gerne als »The Chosen One« – der Auserwählte. Ende Jänner 2020 tritt der Präsident beim »March for Life« auf, der größten Anti-Abtreibungs-Kundgebung in der Hauptstadt Washington. Es ist das erste Mal in der 47-jährigen Geschichte dieser alljährlichen Veranstaltung, dass ein Präsident daran teilnimmt. Die evangelikale Anti-Abtreibungs-Lobby schließt Trump dafür nicht nur in ihre Gebete ein – es folgt auch irdischer Dank in Form einer 52-Millionen-Dollar-Wahlkampfspende an die Republikaner. Unterstützung erhält Trump in Fragen der religiösen Kommunikation auch von Vizepräsident Mike Pence und Außenminister Mike Pompeo, beide sind evangelikale Christen. Um den Kontakt mit religiösen Wählern zu pflegen, hat das Weiße Haus sogar ein eigenes Büro für Glaubensfragen eingerichtet. Geleitet wird es seit Jahresbeginn von der evangelikalen Fernsehpredigerin Paula White, einer beinahe fanatischen Anhängerin des Präsidenten, die klargestellt hat: »Wer Nein zu Trump sagt, sagt Nein zu Gott.«

Um den zum dritten Mal verheirateten Trump, der mutmaßlich auch Schweigegeld an eine Pornodarstellerin gezahlt hat, zu einem christlichen Retter hochzustilisieren, greifen seine evangelikalen Anhänger zu immer bizarreren Verrenkungen. Zuletzt wurde der US-Präsident von ihnen immer wieder mit dem Perserkönig Kyros verglichen, der gemäß dem Alten Testament die Juden aus der babylonischen Gefangenschaft befreit hat – ein makelbehafteter Sünder, der trotz oder gerade wegen seiner Schwächen als Gottes Werkzeug diene, um dessen irdische Pläne zu vollenden. Und damit auch apokalyptische Prophezeiungen erfülle: »Ich halte Trump für den Antichristen und wähle ihn genau deswegen, damit der Tag des Jüngsten Gerichts eingeleitet wird«, erklärt uns ein Trump-Anhänger unverblümt auf einer Wahlkampfveranstaltung.

Trumps Kampf um die evangelikalen Stimmen setzte sich auch während des Lockdowns in der Corona-Krise fort. Er drängte die Gouverneure des Landes wiederholt zum raschen Wiederaufsperren der geschlossenen Kirchen: Wenn Alkoholläden und Abtreibungskliniken als »systemrelevant« eingestuft würden, müsse das für Kirchen umso mehr gelten, klagte der Präsident.

Einen vorläufigen Höhepunkt erreichte Trumps aggressives Werben um christliche Wähler Anfang Juni: Der Präsident ließ Demonstranten, die friedlich am Lafayette-Square hinter dem Weißen Haus gegen Polizeigewalt und Rassismus demonstriert hatten, brutal mit Tränengas und Schlagstöcken vertreiben. Wenige Minuten später spazierte er über den leergefegten Platz zur angrenzenden St. John's Episcopal Church, wo er sich mit einer Bibel in der Hand fotografieren ließ, als starker Mann von Gottes Gnaden. Der brachiale PR-Stunt sorgte in vielen Kreisen für Entsetzen. Zahlreiche afroamerikanische Baptisten-Pastoren aus der Hauptstadt verurteilten die Aktion scharf – sie hielten in den Folgewochen mehrere Protestmessen vor der Kirche ab.

»Es hat uns angewidert, dass der Präsident die Bibel für sein politisches Fotoshooting missbraucht hat«, sagte Pastor Keith Byrd von der Zion Baptist Church im ORF-Interview. »Er hat ein Buch hochgehalten, dessen Inhalt er nicht kennt, da hätte er genauso gut das Telefonbuch in Kamera halten können! Würde Trump die Bibel auch lesen, dann würde er Mitgefühl zeigen mit all den schwarzen Familien, die Kinder verloren haben.«

»In der Bibel steht, Gott ist auf der Seite der Unterdrückten«, rief ein weiterer afroamerikanischer Pastor zu den versammelten Gläubigen. »Ich warne Sie, Mr. President, Ihre Hände sind viel zu klein, um gegen Gott in den Ring zu steigen! Wir werden dafür sorgen, dass Sie abgewählt werden.«

Es ist eine Kampfansage, die ein weiteres interessantes Charakteristikum der US-Christen verdeutlicht: die enorme Kluft zwischen weißen Christen und nicht-weißen Gläubigen. Seit den 1980er Jahren haben weiße christliche Wähler, egal ob Protestanten oder Katholiken, immer mehrheitlich die Republikaner gewählt, während nicht-weiße Christen für die Demokraten gestimmt haben. Das heißt, diese Gruppen eint zwar die gemeinsame religiöse Identität und Praxis, aber politisch stehen sie einander diametral gegenüber, organisiert je nach Hautfarbe.

Und hier nun liege der eigentliche Schlüssel zum Verständnis der Verbundenheit zwischen Trump und den Evangelikalen, sagt Robert Jones, der Leiter des auf religiöse Gruppen fokussierten Meinungsforschungsinstituts PRRI: »Die weißen Evangelikalen haben eine historisch tief verwurzelte, problematische Tradition, strukturellen Rassismus zu ignorieren oder sogar zu fördern. Sie waren einer der größten Unterstützer der Sklaverei und danach der Diskriminierungs- und Rassentrennungsgesetze. Und jetzt, wo sich die US-Bevölkerungsstruktur zunehmend ändert, weniger weiß und weniger christlich wird, sind sie in Panik geraten. Und da holt Trump sie ab, indem er verspricht, die Uhr zurückzudrehen – »Make America Great Again« –, zurück zur weißen Dominanz. Und in diesem Kontext müssen wir auch seinen konfrontativen Umgang mit den Antirassismus-Protesten sehen.«

Doch mit seiner religiös kodierten »Law and Order«-Haltung ist Donald Trump möglicherweise über das Ziel hinausgeschossen. Selbst traditionelle Verbündete des Präsidenten wie der ultrakonservative und einflussreiche Fernsehprediger Pat Robertson verurteilten das harte Vorgehen gegen Demonstranten: »So etwas tut man nicht, Mr. President, das ist nicht cool«, sagte der 90-Jährige.

Der Bruch innerhalb des evangelikalen Lagers war schon davor immer offener zutage getreten. Im Dezember 2019 rief ausgerechnet das einflussreiche evangelikale Magazin »Christianity Today« dazu auf, Trump des Amtes zu entheben – dessen »tief amoralisches Verhalten« in der Ukraine-Affäre lasse keine andere Konsequenz zu. Trumps religiöse Verteidiger attackierten das Magazin daraufhin öffentlich. »Christianity Today« verlor 2000 Abonnenten, bekam aber auch 5000 neue dazu. Gleichzeitig gründete eine Gruppe von Trump-kritischen Republikanern das sogenannte »Lincoln Project« – eine Plattform, die evangelikale Wähler in Online-Videos vor dem falschen Propheten im Weißen Haus warnt. Eine Umfrage des »Public Religion Research Institute« stellte im Juni 2020 fest, dass der Zuspruch für Trump unter weißen evangelikalen Wählern zwischen März und Juni von 77 auf 62 Prozent geschrumpft ist.

Noch dramatischer war der Umfrage-Umschwung bei weißen Katholiken: Bei ihnen brach die Zustimmung für den Präsidenten im selben Zeitraum von 60 auf 37 Prozent ein. Diese Entwicklung sollte dem Wahlkampfteam Trumps Sorgen bereiten, sagt Meinungsforscher Robert Jones. Denn die US-Wahl werde wohl erneut in einigen wenigen umkämpften Bundesstaaten des Mittleren Westens entschieden und dort sei der Anteil der weißen Katholiken an der Bevölkerung mit bis zu 20 Prozent besonders hoch.

Zurück zu den moralischen Wurzeln

Die evangelikale Texanerin Tess Clarke bezeichnet sich trotz ihrer Ablehnung Präsident Trumps als politisch heimatlos. Im September 2019 wurde sie vom Demokraten Beto O'Rourke gemeinsam mit drei weiteren Wählerinnen zu einem Abendessen eingeladen. Der Politiker stieg nach seiner missglückten Senatskandidatur ins Rennen um das Weiße Haus ein. Doch seine landesweite Kampagne endete bereits nach wenigen Monaten aus Mangel an Unterstützern.

Der frühe Rückzug O'Rourke's enttäuscht Tess, sie wünscht sich ein breiteres politisches Angebot: »Ich hoffe, dass Trumps demokratischer Gegenkandidat auch zu jenen Amerikanern die Hände ausstreckt, denen christliche Werte wichtig sind. Der Kandidat sollte eine Sprache verwenden, die auch diese Wähler anspricht, Menschen wie mich, die das Land aus ihrer tiefen religiösen Überzeugung heraus verbessern wollen. Wir Gläubige müssen unsererseits versuchen, den Begriff ›evangelikal‹ neu zu deuten und zu denken«, sagt sie, »abseits der Parteipolitik, zurück zu seinen moralischen und sozialen Wurzeln.«

Es gehe darum, nicht nur »pro life«, sondern »pro human« zu sein, also für das ungeborene Leben genauso einzutreten wie für jenes von sozial schwachen Kindern und Flüchtlingen. »Jesus Christus ist für mich das perfekte Beispiel für jemanden, der seine Komfortzone verlassen hat, um uns in dieser kaputten Welt beizustehen. Wir müssen es ihm gleichtun. Ich habe noch nie so viel über Gottes Schöpfung gelernt wie beim Umgang mit den Menschen am Rand unserer Gesellschaft – es ist dieses Miteinander, das Amerika jetzt braucht.«

Wie viele evangelikale Wähler so denken wie Tess und wie viele von ihnen tatsächlich mit ihrem Gewissen ringen, das ist die große Frage.

Der Glaube kann Berge versetzen – und in einem Land wie den USA den Präsidenten stützen oder stürzen.

Der Realist

Der afroamerikanische Kampf gegen Rassismus

Washington, DC ☆ Hannelore Veit

Der Mann, mit dem ich in unserem Büro in Washington zusammensitze, ist einer der Menschen, mit denen ich immer wieder gerne diskutiere. Doug Robinson ist Kameramann, hat für CNN gearbeitet, war oft in Konfliktgebieten unterwegs, ist jetzt freiberuflich tätig und arbeitet auch für den ORF. Jedes Mal, wenn ich mit Doug im Taxi zum Weißen Haus fahre, um dort einen Aufsager zu drehen, erfahre ich etwas über diese Stadt, das ich vorher nicht wusste. Wirklich jedes Mal. Doug ist einer der belesensten Menschen, die ich kenne. Er ist auch einer jener Menschen, mit denen mir nie der Gesprächsstoff ausgeht, mit dem ich vom Hundertsten ins Tausendste komme – egal, worüber wir reden. Die meisten Gespräche beginnen auf dem Gang zwischen Tür und Angel und enden auf dem gelben Sofa, das so etwas wie unsere soziale Ecke im Büro ist.

Doug ist Afroamerikaner: Seine Urgroßmutter war Sklavin in South Carolina im tiefen Süden, seine Großmutter das Kind freigelassener Sklaven. Auch Weiße und Ureinwohner Amerikas sind unter seinen Vorfahren. »Wenn wir zu einer Familienfeier zusammenkommen, dann ist das wie ein Regenbogen, da ist jede Hautfarbe vertreten, die du dir vorstellen kannst.«

Im Frühjahr 2020 erleben wir ein turbulentes Kapitel der amerikanischen Geschichte. Donald Trump ist ein Präsident, der den

Puls der Zeit nicht wirklich fühlen kann. Der Tod des Schwarzen George Floyd, verursacht durch einen weißen Polizisten in Minneapolis, der 8 Minuten und 46 Sekunden auf seinem Nacken kniete, löste Massenproteste aus. Das Vergehen George Floyds: Er soll versucht haben, mit einem gefälschten 20-Dollar-Schein zu bezahlen. 20 Dollar der Preis für ein Menschenleben – die Nation ist empört. Wie so oft ist das Opfer schwarz, der gewalttätige Polizist weiß. Die Proteste dauern wochenlang an, werden anfangs von Plünderungen und Brandschatzungen begleitet, doch nach den ersten Tagen sind sie großteils friedlich. In der Hauptstadt Washington, dem Zentrum der Proteste, wird das Weiße Haus verbarrikadiert, ein Zaun nach dem anderen wird großflächig darum herum hochgezogen.

Die Beweggründe der Demonstranten sind unterschiedlich. Manche sind zornig: »Ich bin so wütend, Polizisten sollten unsere Beschützer sein und nicht unsere Henker«, sagt uns der schwarze Highschool-Schüler Justin. Viele protestieren gegen den Präsidenten, wie die Afroamerikanerin Janet: »Wir müssen Trump abwählen, er ist nicht der Präsident, den wir jetzt brauchen.« Und was auffällt: Sehr viele Weiße sind in der Menge, wie Carol: »Afroamerikaner werden schon viel zu lange brutal misshandelt. Wir Weißen müssen an ihrer Seite stehen.« Allen ist gemeinsam: Sie protestieren gegen ein System, in dem Schwarze anders behandelt werden als Weiße. Doug mischt sich nicht unter die – vor allem jungen – Demonstranten, dazu hat er schon zu viele Proteste erlebt, ist zu abgeklärt. Ich selbst beobachte die Protestwelle mit großem Interesse, denn ich habe das Gefühl – das im Moment noch nicht mit Daten zu stützen ist –, dass dieser Juni 2020 als ein wichtiges Datum in die Geschichte eingehen wird.

In all meinen Jahren in den USA habe ich viele Beiträge über Schwarze und über Rassismus recherchiert und gestaltet. Das hat nicht zuletzt damit zu tun, dass ich zum ersten Mal in den 1980er Jahren als junge österreichische Studentin in dieses Land kam und damals – weil ich das Problem Rassismus nur aus der Theorie kannte – angenommen hatte, dass die Beziehungen zwischen Schwarz und Weiß inzwischen kein Problem mehr wären.

Ich wurde schnell eines Besseren belehrt. Mehr als 30 Jahre später ist da immer noch die Begierde, als Korrespondentin auszuloten, wo die USA denn Anfang des 21. Jahrhunderts stehen, wenn es um Rassismus und die Beziehungen zwischen Schwarz und Weiß geht.

Wie es ist, in den USA jung, männlich und schwarz zu sein

Doug hat mir dabei in den letzten sieben Jahren Perspektive gegeben. Er war oft mein Kameramann und Begleiter bei Recherchen über Schwarze. Mehrere Interviews haben wir gemeinsam an der schwarzen Elite-Universität Howard geführt: Vom Vorstand des Instituts für Afroamerikanische Studien, Greg Carr, wird Doug mit einem herzlichen »Welcome Brother« und einer Umarmung begrüßt. Die Umarmung gibt's für mich Weiße auch – ich denke aber vor allem, weil ich in Begleitung Dougs bin.

Wie ist es, in diesem Land als Schwarzer aufzuwachsen? Wie ist es, als schwarzer Bursch aufzuwachsen? Doug lacht. Als Kind in Sandusky in Ohio an der Volksschule »war ich der einzige Schwarze, weil mein Vater mich in eine katholische Privatschule geschickt hat«. Dougs Vater, im Zivilberuf Buchhalter, war Mitbegründer der örtlichen Gruppe der Bürgerrechtsbewegung NAACP, der National Association for the Advancement of Colored People. »Ich war der Schwärzeste und der Größte in meiner Klasse, bin aus beiden Gründen aus der Menge herausgestochen. Die Nonnen waren nicht immer sicher, wie sie mit mir umgehen sollten. Ich habe versucht, mich anzupassen. In der Schule habe ich mit den anderen Beatles gehört, zu Hause Motown-Songs. Ich hatte zwei unterschiedliche Leben, es war ziemlich anstrengend.« Noch heute wirkt die Privatschule auch bei nichtigen Details nach: Doug ist Meister im Krawattenbinden. Wenn meine (männlichen) Kollegen unter Zeitdruck für einen Live-Einstieg stehen und Krawatte anlegen müssen, hilft Doug gerne aus.

Dougs Familie zog nach South Carolina in den Süden, als er ein Teenager war. Dort hat er zum ersten Mal selbst zu spüren bekommen, was es heißt, schwarz zu sein. Doug war 14 und im Bus unterwegs. »An einer Haltestelle sind zwei Polizisten in den Bus gestiegen und haben mich aufgefordert, auszusteigen. Einer hat mich an der Jacke gepackt, rausgezerrt und in ein Geschäft neben der Bushaltestelle geführt. Der Besitzer hat mich kurz angeschaut, hat die Beamten angeschaut und gesagt: ›Ich habe euch gesagt, dass der Typ 25 war und 1,80 groß. Der da ist 1,90 und ganz offensichtlich noch ein Kind.‹ Das war meine erste Erfahrung mit der Polizei. Solche Sachen sind mir in meinem Leben bisher ein Dutzend Mal passiert.« Es hat Dougs Verhältnis zu Polizisten bis heute geprägt: »Wenn ich einen Polizisten sehe, fühle ich mich ins Visier genommen. Wie mir geht es vielen Schwarzen in den Vereinigten Staaten.«

Egal aus welcher sozialen Schicht schwarze Jugendliche kommen, das Narrativ ist immer dasselbe. Auch Barack Obama ist keine Ausnahme. »Fast alle afroamerikanischen Männer in diesem Land wissen, was es heißt, sich in Einkaufszentren beobachtet und verfolgt zu fühlen. Auch ich kenne das. Fast alle afroamerikanischen Männer wissen, was es heißt, über die Straße zu gehen und zu hören, wie die Autotüren verriegelt werden. Auch ich kenne das.«

Greg Carr, der Universitätsprofessor: »Die Polizei hat mich aufgehalten, ›our very fine Capitol police‹, unsere hochangesehene Kongresspolizei. Angeblich wegen eines kaputten Bremslichts. Das Bremslicht war in Ordnung. Ein anderes Mal habe ich gefragt, warum ich angehalten werde. ›Wollen Sie die Nacht in der Zelle verbringen?‹, war die Antwort. Man gewöhnt sich an diese Situationen. Aber: Wenn die Polizei dich aufhält, kriegst du Herzklopfen.« Das Vergehen: »Driving while Black«, heißt es scherzhaft in der schwarzen Community.

Was mir so gut wie alle Schwarzen, die ich kenne, erzählt haben – und was mich erschüttert: Wer jung, schwarz und männlich ist, kriegt schon von Kindesbeinen an eingetrichtert, wie man sich im Umgang mit der Polizei zu verhalten hat. Ein Gespräch mit schwarzen Jugendlichen im tiefen Mississippi ist mir besonders in Erinnerung geblieben: »Ständig redet meine Mutter davon«, sagte der Teenager Darryl, »wenn du von der Polizei gestoppt wirst, mach, was sie sagen. Hände aufs Armaturenbrett, ja nicht nach unten greifen (das kann als ein Griff zur Waffe interpretiert werden). Wenn sie sagen aussteigen, steig aus.«»Und immer respektvoll antworten«, warf sein gleichaltriger Freund ein.

Die dazu passende Statistik zitiert auch der Präsident:»Schwarze haben eine um 30 Prozent höhere Chance als Weiße, von der Polizei gestoppt zu werden. Dreimal so oft werden sie dabei gefilzt. Doppelt so oft werden Schwarze von der Polizei angeschossen oder erschossen. Doppelt so oft werden sie bei Anhaltungen verhaftet. Sie werden zu längeren Haftstrafen verurteilt als Weiße in vergleichbaren Umständen. Schwarze und Hispanics machen nur 30 Prozent der Bevölkerung aus, aber sie stellen mehr als die Hälfte der Gefängnisinsassen.« Der Präsident, der diese Fakten öffentlich nennt, ist freilich nicht der jetzige, sondern sein Vorgänger: Barack Obama.

Benachteiligt von Anfang an

»Ich sage immer, der Rassismus in diesem Land hat ökonomische Hintergründe«, sagt Doug.»Warum hatte dieses Land Sklaven? Aus wirtschaftlichen Gründen. Warum hatte der Süden sich von der Union abgespaltet? Aus wirtschaftlichen Gründen. Immer wieder gab es nach dem Bürgerkrieg Bestrebungen, die Schwarzen in Schranken zu halten, sie nicht hochkommen zu lassen. Sie wurden als Farm- und Feldarbeiter gebraucht.« Und sie waren in der Armutsfalle, hatten weder Kapital noch Boden, den sie selbst bewirtschaften konnten. Immer dann, wenn es mit der Wirtschaft bergab ging, spürte das die schwarze Minderheit am stärksten. »Schon Malcolm X hat gesagt:›Wenn Amerika sich verkühlt, holen sich die Schwarzen eine Lungenentzündung.‹«

Das wirtschaftliche Ungleichgewicht existiert bis heute. Das mittlere Einkommen einer weißen Familie in den USA (der mediane Wert), liegt bei 71 000 Dollar, das einer schwarzen Familie bei 43 000 Dollar. Was das Vermögen betrifft, ist der statistische Unterschied noch krasser: Im Jahr 2016, hat die Brookings Institution in Washington berechnet, lag der Mittelwert für eine weiße Familie bei 171 000 Dollar, für eine schwarze Familie bei 17 150 Dollar – das heißt, das Vermögen einer typischen weißen Familie ist zehnmal so groß wie das einer typischen schwarzen Familie. Dreimal mehr Schwarze als Weiße sind in den USA von Armut betroffen. Auch die Corona-Krise hat die Minderheiten ungleich stärker getroffen. Unverhältnismäßig viele Schwarze sind an Covid-19 erkrankt oder daran gestorben, unverhältnismäßig viele Schwarze sind arbeitslos geworden.

Das notorisch schlechte öffentliche Schulsystem hat das Seine zur systemimmanenten Benachteiligung beigetragen. Doug hat das selbst erlebt: Nach den ersten Jahren an einer privaten katholischen Schule zog seine Familie nach Cleveland in Ohio. Mit elf besuchte er zum ersten Mal eine öffentliche Schule. »Ich habe mich gelangweilt. Ich war den anderen nach meinen Privatschuljahren so weit voraus. Einer meiner Lehrer hat mich zur Seite genommen und mir gesagt: ›Ich kann dir hier nichts beibringen, ich mache dich jetzt zu meinem Assistenten und gebe dir Bücher, die du zu Hause lesen kannst.‹ Außer von diesem außergewöhnlichen Lehrer habe ich in den öffentlichen Schulen nichts gelernt.«

Wenn Doug über das öffentliche Schulsystem spricht, kommt er so richtig in Fahrt: »Öffentliche Schulen werden über Grundsteuern bezahlt. In den Suburbs, den Vorstädten, wo es viel Eigentum gibt, sind die Steuereinnahmen höher und es wird mehr Geld in Schulen gesteckt. Die sind dann wesentlich besser. In den Innenstädten, wo die meisten Menschen in Mietwohnungen leben, gibt es wenig Steuereinnahmen und die Schulen sind shitty, sind furchtbar. Niemand will das ändern, denn Geld für Schulen in den Innenstädten abzuzweigen, würde heißen, es den reicheren Gegenden wegzunehmen. Die Art und Weise, wie wir unser Schulsystem finanzieren, entrechtet eine ganze Gruppe von Menschen. Aber niemand will darüber reden.«

Doug schloss die Highschool als einer der Besten ab und erhielt ein Begabtenstipendium. Eine Enttäuschung für ihn. Denn, wie er klagt, war das kein normales Begabtenstipendium, wie es ihm als exzellentem Schüler zugestanden hätte. Es war ein spezielles Stipendium zur Förderung schwarzer Studierender. »Affirmative Action« nannte sich das, Angehörige von Minderheiten sollten extra unterstützt werden, um die inhärente Benachteiligung auszugleichen. »Ich wollte kein speziell auf Schwarze zugeschnittenes Stipendium, ich habe das nicht gebraucht – ich wollte einfach gleich behandelt werden wie alle anderen. Das ist auch eine Art Rassismus, das ist ›racism of lower expectations‹.« Von Schwarzen oder Minderheiten wird nicht erwartet, dass sie dieselben Standards erfüllen wie Weiße.

Der Umbruch

Zurück zur Protestwelle im Juni 2020. Ich habe in den letzten Jahren mehrere Protestbewegungen miterlebt, meist nachdem Schwarze von Polizisten getötet worden waren. Hat sich denn nichts verändert?, frage ich Doug. »Oh doch«, sagt er, »die größte Veränderung sind Handyvideos. Jeder hat eine Kamera, das bringt solche Fälle an die Öffentlichkeit. Ich kann nicht sagen, ob es mehr Fälle gibt oder weniger, es gibt dazu keine offiziellen Zahlen. Und noch etwas verändert sich langsam: Es gibt ein stärkeres Bewusstsein in der schwarzen Community, dass es Ungerechtigkeit gibt. Wir reden mehr darüber, es wird nicht mehr schweigend akzeptiert und hingenommen.«

Wir sind, als wir dieses Gespräch führen, noch mittendrin in der Protestwelle. Doug wagt bereits eine Zwischenbilanz: »Die Proteste 2020 sind anders als die vorangegangenen«, sagt er, »sie haben bereits jetzt Veränderungen gebracht.« Denn die schwarze Mittelklasse, die sich sonst gerne unauffällig verhält, »fast unsichtbar sein will«, wie Doug sagt, engagiert sich diesmal. »Jetzt kommen die Menschen aus den Suburbs und machen mit, weil sie spüren, dass die Medien und die öffentliche Meinung auf ihrer Seite sind, das macht es einfacher. Wenn wir Veränderung wollen, müssen wir protestieren, das ist die Idee dahinter. Sehr viele der Protestierenden sind Weiße. Diese breite Akzeptanz hat es bei den Protesten der 1960er Jahre nicht gegeben. Jetzt wird darüber diskutiert, was es heißt, weiß zu sein, was es heißt, Privilegien zu haben. Oder umgekehrt, was es heißt, schwarz zu sein.« Diskutiert wird jetzt auch über eine Polizeireform. Von Demonstranten kommt immer wieder der Ruf nach Kürzung der Polizeibudgets,»Defund the Police«, steht auf vielen Transparenten zu lesen. Vereinzelt kommt auch der Ruf nach einer völligen Abschaffung der Polizei.»Das ist keine Lösung«, sagt Doug.»Die bad cops, die Bösen, müssen aussortiert und dürfen nicht länger vom System geschützt werden. Bisher war das so, da wurden die gewalttätigen Beamten einfach zu einer anderen Polizeistelle versetzt, ohne dass die davon in Kenntnis gesetzt worden wäre. Die Akten wurden gelöscht. Es geht darum, Polizisten einzusetzen, die ihre Gemeinde kennen, es geht darum, mehr afroamerikanische Polizisten in schwarzen Wohngegenden einzusetzen. Newark ist ein positives Beispiel, die Stadt liegt direkt neben New York, wo es teils sehr gewalttätige Demonstrationen gegeben hat. In Newark waren sie friedlich. Da konnte der Polizeichef sich gar nicht schnell genug auf die Seite der Demonstranten stellen und mit ihnen auf die Knie gehen. Wohlgemerkt, ich rede da von Newark, das in den 1960er Jahren die schlimmsten Ausschreitungen hatte.«

Donald Trump, der sich als Law-and-Order-Präsident sieht, als Präsident von Recht und Ordnung, reagierte auf die Proteste mit einem Dekret, das er im Rosengarten des Weißen Hauses ankündigte, wie gewohnt mit viel Pomp und einer Rede, die – wie fast immer – zu einer Wahlkampfrede ausartete. Taktiken wie Würgegriffe bei Festnahmen sollen nicht mehr erlaubt sein, Sozialarbeiter sollen Polizisten unterstützen, und Datenbanken über gewalttätige Beamte sollen angelegt werden.»Da wird ein Loch im Gefüge unserer Gesellschaft nur notdürftig zugekleistert, Trump tut das absolute Minimum. Da fehlt die Substanz«, urteilt Doug. Es ist nicht genug, sagen auch die Demokraten, die Reformen müssen tiefer greifen. Beide Häuser des Kongresses arbeiten an einem neuen Gesetz.

Das Versagen der Präsidenten

Washington, das ist die Stadt, in der Doug seit 40 Jahren lebt. Hierher zog er, nachdem er drei Jahre in der Navy gedient hatte – wo er sich, weil auch als Journalist tätig, selbst zum Kameramann ausbildete. Aus dem einfachen Grund, weil es auf kleinen Schiffen mit weniger als 700 Mann Besatzung keine ausgebildeten Fotografen gab. Manche Abschnitte in Dougs Leben waren keine wohlüberlegten Karriereschritte, sondern reines Abenteuer – und sagen sehr viel über ihn als Menschen. Mit seiner dritten Frau – wie die anderen vor ihr weiß – erstand er knapp nach der Jahrtausendwende eine Farm weit außerhalb von Washington. Eineinhalb Stunden täglich zur Arbeit, eineinhalb Stunden täglich zurück hieß das, beide, Doug und seine Frau, arbeiteten in Washington. Auf der Farm fütterten sie Rescue Horses durch, Pferde, die sie vor dem Schlachthof gerettet hatten. Doug gibt zu, völlig unwissend in dieses Abenteuer geschlittert zu sein. Aber vieles daraus gelernt zu haben. »Mit Pferden zu leben heißt, Zen zu praktizieren. Pferde erkennen instinktiv deinen Gemütszustand, ich habe gelernt, ich muss meine Ängste und Sorgen vor der Stalltür lassen. Wenn ich aufgewühlt bin, überträgt sich das auf die Pferde.« Diese innere Gelassenheit hat Doug heute perfekt verinnerlicht.

Weniger Gelassenheit hätte er sich vom ersten schwarzen Präsidenten des Landes gewünscht. Barack Obama wurde in Europa fast verklärt gesehen, in den USA ist sein Image ein anderes, weil er in den acht Jahren seiner Präsidentschaft nur wenig erreicht hat. Wie sieht Doug ihn? »Ah, das ist kompliziert«, meint er. »Als Obama gewählt wurde, war mein erster Gedanke: Es tut mir leid, dass mein Vater, der Bürgerrechtsaktivist, diesen Augenblick nicht mehr erleben durfte. Obama war eine außergewöhnliche Persönlichkeit. Ich denke aber, er wäre ein besserer Richter als Poli-

tiker gewesen. In der Politik geht es nicht darum, das Richtige zu
machen. Politik ist die Kunst des Möglichen. Obama hat immer
abgewogen, immer beide Seiten eines Arguments in Betracht gezogen, er war zu vorsichtig. Das hat schon etwas mit seiner Hautfarbe zu tun. Als schwarzer Intellektueller lernt man, leisezutreten.
Zu emotional oder zu laut zu sein verstärkt den Mythos des zor-
nigen schwarzen Mannes, damit wirst du zum Klischee und nicht
mehr ernst genommen. Obama hat nicht so viel Durchsetzungs-
kraft an den Tag gelegt, wie die schwarze Community das gerne
gesehen hätte. Er hat immer versucht, ausgleichend zu wirken.
Die Schwarzen wollten, dass er aufrüttelt, dass er das Narrativ verändert. Ich verstehe, warum er das nicht getan hat, aber es hat mich
enttäuscht.«

Viel härter geht der schwarze Universitätsprofessor Greg Carr
mit Barack Obama ins Gericht: »Seine Präsidentschaft hatte so gut
wie keine Bedeutung für die Schwarzen. Er hat nichts für die Afroamerikaner in diesem Land getan. Unsere wirtschaftliche Situation
hat sich nicht verbessert, unser Bildungssystem hat sich nicht verbessert. Obama wollte mit aller Macht zeigen, dass er der Präsident der Vereinigten Staaten von Amerika ist, nicht der Präsident
der Schwarzen Vereinigten Staaten von Amerika. Leider war die
Gruppe, die am meisten unter seiner ausgleichenden Persönlichkeit gelitten hat, die Gruppe von Menschen, aus der er selbst kam:
die Afroamerikaner. Er hat sie weitgehend ignoriert.«

Viel milder fällt das Urteil der meisten schwarzen Intellektuellen
über einen früheren Präsidenten aus: »Bill Clinton war der erste
schwarze Präsident«, erklärt auch Doug. »Schwarze konnten mit
ihm, weil er mit ihnen konnte. Er ist in Arkansas aufgewachsen,
mit schwarzen und weißen Freunden von klein auf. Er war leut-
selig, sprach die Sprache der einfachen Menschen, hat sie verstanden. Bill Clinton hat sich nicht immer superkorrekt verhalten,
aber das erwartet man nicht, er hat nicht lange herumdiskutiert,
hat die Dinge einfach erledigt.«

Zum Thema US-Präsidenten hat Doug viel zu sagen, auch zum
jetzigen. »Ich verabscheue Donald Trump«, sagt Doug. »Er ist die

personifizierte Dummheit. Ich konnte es nicht glauben, als er gewählt wurde. Ich habe ihn lange genug beobachtet, um zu wissen, dass er ein Idiot ist. Als TV-Entertainer war er ein manchmal witziger Showman, nichts weiter, als Präsident ist er gefährlich, weil er dumm und narzisstisch ist. Er versteht nichts außerhalb der kleinen Blase, in der er lebt. Aber Amerika ist eine sehr große Blase mit sehr vielen Elementen. Er versteht nichts, macht alles noch schlimmer, gießt immer Öl ins Feuer, auch jetzt, während der Proteste. Das Einzige, was er wirklich kann, ist: provozieren.«

Doug macht Donald Trump auch dafür verantwortlich, dass die extreme Rechte wieder erstarkt. »Er schafft die Atmosphäre, dass die Alt-Right-Bewegung, dass die extremen Rassisten, die an die weiße Vorherrschaft glauben, wieder ganz offen auftreten. Es hat sie immer gegeben. Sie sind unter Obama noch mehr geworden.« Offenbar nach dem Motto: Wir haben einen schwarzen Präsidenten, niemand kann dieses Land jetzt rassistisch nennen. »Aber jetzt werden sie ermutigt, wir haben einen Präsidenten, der sie geradezu dazu herausfordert, lautstark aufzutreten.«

Den Mann, der Trump die Präsidentschaft abspenstig machen will, Joe Biden, hat Doug bei einem Dreh vor Jahren näher kennengelernt. »Er ist einfach der Joe von nebenan, ein netter Mensch, mit dem man gerne auf ein Bier gehen würde, er ist derselbe, egal ob die Kameras laufen oder abgeschaltet sind. Er hat aber alle Kanten verloren, die er früher einmal hatte, vielleicht, weil er ein Gegenpol zu Trump sein will, vielleicht auch, weil in seiner Zeit als Vizepräsident Obama auf ihn abgefärbt hat.« Afroamerikaner sind es, die Joe Biden den Weg zum Präsidentschaftskandidaten geebnet haben. Sie stehen mit großer Mehrheit hinter ihm. Nach den traditionell ersten Vorwahlen der Demokraten in Iowa und New Hampshire im Februar 2020 lag Joe Biden noch abgeschlagen hinter progressiveren Kandidaten wie Senator Bernie Sanders oder dem jungen Pete Buttigieg. Erst mit den Stimmen der Schwarzen in South Carolina erhielt Bidens Wahlkampf eine neue Dynamik und ebnete letztendlich den Weg zur Kür zum demokratischen Präsidentschaftskandidaten.

Die Frage ist rhetorisch: Wird Doug im November seine Stimme für Joe Biden abgeben? Die Antwort ist typisch Doug: »Ich würde einen Affen mit Banane wählen, bevor ich Donald Trump wähle.« Die Proteste dieses Frühsommers 2020 haben Doug Hoffnung schöpfen lassen. Er ist vorsichtig optimistisch, dass sich diesmal doch einiges zum Besseren ändern könnte für die schwarze Minderheit, »weil die Weißen draußen in ihren Vorstädten verstanden haben: ›Oh, Rassismus hat auch etwas mit mir zu tun.‹«

Die Kalifornierin

Das Leben im etwas anderen Bundesstaat

Los Angeles ☆ Hannelore Veit

Am 18. Februar 2020 ist in Los Angeles das Verkehrschaos noch schlimmer als sonst. Die zehnspurige Interstate 405, die Santa Monica im Norden mit dem Süden der Stadt verbindet, ist notorisch verstopft, die I-405 ist die meistbefahrene Autobahn des ganzen Landes. 405 (four-oh-five) heißt sie, weil die Geschwindigkeit four or five miles per hour, vier oder fünf Meilen pro Stunde, beträgt, lästern die Angelenos, die Bewohner von Los Angeles. An diesem Februartag ist die I-405 überhaupt gesperrt. Nichts geht mehr – die halbe Stadt steht still. Der Grund: Der Präsident ist da und wird über die 405 durch Los Angeles gelotst.

Es ist einer der raren Auftritte, die Donald Trump in Kalifornien absolviert. Wahlkampfrallyes, die in anderen Bundesstaaten Stadien mit 20 000 Personen füllen, hält er hier wohlweislich keine ab. Ein Treffen mit dem Olympischen Komitee und Fundraisern für seinen Wahlkampf 2020 sind der Anlass für den Besuch. Tickets für ein Foto mit Trump plus Golf mit ihm für zwei Personen, rechnet der lokale CBS Sender in Los Angeles vor: 100 000 Dollar. Teilnahme an einem Runden Tisch mit dem Präsidenten, Foto und Golf inklusive: 250 000 Dollar für zwei Personen. Am selben Abend fliegt Donald Trump weiter nach Nevada: Übernachten in Kalifornien kommt für ihn, wenn es sich irgendwie vermeiden lässt, nicht infrage. Lieber fliegt er am nächsten Tag noch einmal zurück nach

Kalifornien. Dieser Bundesstaat ist »occupied territory – besetztes Land«, wie ein Berater des Präsidenten halb scherzhaft, halb ernst meint. Kalifornien ist heute ein durch und durch demokratischer Bundesstaat. Trumps Erzrivalen im Kongress, seine Gegenspieler im Impeachment-Prozess – die Sprecherin des Repräsentantenhauses Nancy Pelosi und der Abgeordnete Adam Schiff –, kommen aus Kalifornien. Donald Trump hat seine Unterstützer unter den betuchten Kaliforniern, aber sie sind in diesem Bundesstaat definitiv in der Minderzahl.

Eine schillernde Karriere

Nance Rosen ist eine typische Kalifornierin. Sie steht für die liberalen Werte dieses gesellschaftspolitisch fortschrittlichen Bundesstaates an der Westküste. Nance ist Professorin für Wirtschaft an der UCLA, der University of California in Los Angeles. Ich treffe sie an einem strahlend schönen Februartag zum Lunch in einem Restaurant am Hafen von Marina del Rey, einem eigenständigen Stadtteil von Los Angeles. Den Pazifik sehen die meisten Angelenos, die tagtäglich auf den verstopften Freeways zwischen Heim und Arbeitsplatz pendeln, nur selten. »Ich genieße es, hier wieder einmal direkt am Wasser zu sitzen«, gesteht Nance. »Als ich nach L.A. gezogen bin, habe ich gedacht, ich ziehe in eine Stadt am Meer. Aber es ist so selten, dass ich den Pazifik tatsächlich sehe.«

Los Angeles ist einfach zu groß, die Stadt ist eine Aneinanderreihung von Vorstädten, der Großraum Los Angeles zählt 18 Millionen Menschen auf einer Fläche von fast 90 000 Quadratkilometern.

Aber was macht eine typische Kalifornierin aus? Nance sieht sich als solche. Geboren ist sie aber nicht in Kalifornien. Wer ist das schon?, fragt sie: »I'm as native as they get. Ich bin waschechte Kalifornierin.« In Bundesstaaten an der Ostküste gibt es alteingesessene Familien, die seit Generationen dort leben, und wenn manche ihre Abstammung gar auf die legendäre Mayflower zurückführen – wer kann schon nachprüfen, ob das stimmt oder frei erfunden ist. »In Kalifornien sind wir alle mehr oder weniger gestern angekommen. Daher ist bei uns auch die Akzeptanz und die ethnische Vielfalt so groß«, sagt Nance.

Nance Rosen ist in New York geboren, als Tochter eines Milchmannes und einer Hausfrau, wie sie gerne betont. Rosen ist nicht der ursprüngliche Name ihrer Familie, da geht es ihr wie vielen, deren Vorfahren zu Beginn des 20. Jahrhunderts aus Europa in die Vereinigten Staaten kamen, um hier ein neues Leben aufzubauen. »Mein Großvater väterlicherseits stammt aus der österreichisch-ungarischen Monarchie, sein Name war Rosser. Bei der Registrierung auf Ellis Island in New York waren vor meinem Großvater drei Familien mit Namen Rosen, also registrierten die Behörden ihn der Einfachheit halber auch als Rosen.«

Nance ist als Kind nach Kalifornien gekommen und hat eine schillernde Karriere hingelegt: In der Schule hat sie ein paar Klassen übersprungen, mit 16 immatrikulierte sie als damals jüngste Studentin an der UCLA, an der Universität, an der sie heute lehrt. Sie hat – typisch für Amerikaner, noch typischer für Kalifornier – ihren Beruf mehrmals gewechselt: Sie war Managerin bei Coca-Cola, hatte jahrelang ihre eigene Radiosendung, hat »Wall Street Journal«-Bestseller geschrieben, sie ist eine gefragte Expertin in Fernsehsendungen, wenn es um Marketing und Handel geht, hat ihr eigenes kleines Fernsehstudio zu Hause eingerichtet, arbeitet als Business Coach und gehört dem Forbes Coaches Council an. Zart und blond ist Nance und sieht viel jünger aus, als sie tatsächlich ist. Sie ist eloquent, spricht in druckreifen Sätzen. Man merkt, dass sie es gewohnt ist, »Soundbites« fürs Fernsehen abzugeben.

Kalifornien gegen Trump, Trump gegen Kalifornien

Mit Donald Trump im Weißen Haus ist die Animosität zwischen Kalifornien und dem Rest der Nation noch stärker geworden. Sobald ich Donald Trump erwähne, legt auch Nance Rosen los: »Donald

Trump hat bei der letzten Wahl nicht die Stimmenmehrheit erhalten. Er hat nur dank unseres Wahlrechts genug Wahlmänner und Wahlfrauen gekriegt, um die Präsidentschaft zu gewinnen.« Das tut in Kalifornien, dem bevölkerungsreichsten Bundesstaat der USA, besonders weh.»Bundesstaaten mit weniger Einwohnern haben viel mehr Einfluss. Die Stimmen von Amerikanern, die in Wyoming leben, zählen mehr als meine Stimme«, klagt Nance.

Schmunzelnd kann sie sich einen Seitenhieb nicht verkneifen:»Unser letzter Präsident, Barack Obama, hat gerade für eine von ihm mitproduzierte Dokumentation einen Oscar erhalten. Kalifornien hat Donald Trump nie eine Auszeichnung verliehen und wird es nie tun.« Es stimmt: Das liberale Hollywood und Donald Trump, das passt nicht zusammen. Hollywood hat sich, mit ganz wenigen Ausnahmen, bei der letzten Wahl 2016 für Trumps Rivalin Hillary Clinton stark gemacht. Auch 2020 wird Hollywood in großer Mehrheit demokratisch wählen.

Kalifornien war nicht immer so fest in der Hand der Demokraten, wie es heute ist: Ronald Reagan war Gouverneur in Kalifornien, bevor er Präsident wurde. Er war bekanntlich Republikaner. Arnold Schwarzenegger war republikanischer Gouverneur in diesem Bundesstaat. Er ist heute immer noch Republikaner, aber er ist ein überzeugter Anti-Trumper und engagierter Kämpfer gegen den Klimawandel. In Präsidentschaftswahlen hat Kalifornien seit den 1990er Jahren blau – also demokratisch – gewählt. Manche Kalifornier – zugegeben eine Minderheit, die über ein paar Zigtausend nicht hinauskommt – träumen vom»Calexit«, von der Abspaltung Kaliforniens vom Rest der Vereinigten Staaten. Wenig überraschend ist die Zahl der Calexit-Proponenten unter Donald Trump gestiegen.

Trump mag Kalifornien nicht, und Kalifornien mag Trump nicht, das ist ein offenes Geheimnis. Kalifornien hat bei der letzten Wahl mit 62 Prozent für Hillary Clinton gestimmt. Das hat Donald Trump Kalifornien nie verziehen, sagen Politbeobachter in Washington, die wissen, wie der Präsident tickt. Kalifornien ist liberal, progressiv und auf Anti-Trump-Kurs.

Besonders gerne bekriegen sich Donald Trump und der demokratische Gouverneur von Kalifornien, Gavin Newsom – verbal,
versteht sich, meist per Twitter. Da droht Donald Trump auf dem
Höhepunkt der Waldbrände, die Kalifornien im Herbst 2019 bedrohen, mit dem Entzug von Hilfsgeldern aus Washington, weil
Kalifornien angeblich nicht genug gegen die Brände tut und bei der
Waldbewirtschaftung versagt. Gouverneur Newsom schießt nicht
minder angriffslustig zurück: Trump glaube nicht an den Klimawandel, daher brauche er sich an der Diskussion gar nicht erst zu
beteiligen. »Wir sind der am wenigsten Trump'sche Bundesstaat«,
sagt Newsom öffentlich.

Manchmal gibt es so etwas wie einen Waffenstillstand. Auch zu
Beginn der Corona-Krise. Kalifornien ist stark betroffen und einer
der Bundesstaaten, die sehr früh Ausgangsbeschränkungen einführen. In seinen täglichen und ausufernden Pressekonferenzen
im März 2020 lobt Trump Kalifornien zu Beginn der Krise sogar.
Aber die Einstimmigkeit nach dem Motto »Zusammenhalten in
der Krise« beginnt schon nach ein paar Tagen zu bröckeln, konkret,
als Gouverneur Newsom der Bundesregierung vorwirft, zu wenig
zu tun und die Bundesstaaten auf sich allein gestellt zu lassen.

Kalifornien ist anders und war es immer schon. Kalifornien hat
sehr wenig mit dem Rest der Vereinigten Staaten zu tun und kann
gut damit leben. Der Rest der USA ebenso. Nur weiß der Rest des
Landes auch um die enorme Wirtschaftskraft Kaliforniens. Als
eigenständiges Land betrachtet, hat Kalifornien die fünftgrößte
Wirtschaftsleistung der Welt.

Mir fällt, immer wenn ich an Kalifornien denke, ein Scherz in
einer Late Night Show der 1980er Jahre ein, damals war ich Studentin in den USA. Ich habe nicht in Kalifornien, sondern im tiefen
Mittleren Westen gelebt, doch dieses Bonmot (und ich denke, es
war der legendäre Johnny Carson, dem es zuzuschreiben ist) ist mir
in Erinnerung geblieben: »Ich habe eine gute und eine schlechte
Nachricht für Sie: Die schlechte Nachricht: Es gab ein Erdbeben
in Kalifornien. Die gute Nachricht: Kalifornien schwimmt jetzt
irgendwo draußen im Pazifik.«

Und doch: Mit dieser Andersheit trägt Kalifornien ganz wesentlich zum Ganzen dieser so facettenreichen Nation bei. Kalifornien ist liberal und progressiv, ethnisch divers, in manchen Teilen Südkaliforniens ist Spanisch die Sprache, die man am häufigsten hört. Und zugleich ist Kalifornien ein Bundesstaat, in dem man ohne solide finanzielle Basis nur schwer ein Auskommen findet.

Klimawandel: Die allgegenwärtige Bedrohung

Nance wohnt in Bel Air, einem der teuersten Stadtteile von Los Angeles, und nennt einen typisch kalifornischen Bungalow ihr Eigen. Palmengesäumte Straßen, die sich den Hügel hinaufwinden, ganz so wie man sich die Reichengegend von Los Angeles vorstellt. »Okay«, sagt sie, ausnahmsweise bescheiden, »ich wohne in Lower Bel Air, das ist nicht wirklich das Bel Air von Beyoncé und Jay-Z, aber es ist Bel Air.« Bel Air, ob Lower oder Upper, ist so exklusiv, dass sich junge Menschen diese Gegend nicht leisten können. »Das ist schade, das fehlt hier«, sagt Nance, »es gibt in Bel Air kaum Familien mit Kindern. Das geht mir ab. Hier in meiner Straße leben fast nur Ehepaare über 50.«

Sie teilt ihr Haus mit zwei großen Hunden. Mehrere, meist viel jüngere, Ehemänner sind inzwischen Ex-Ehemänner. Wenn sie von »wir« spricht, meint sie sich und ihre erwachsene Tochter Molly, die zwischen Kentucky und L.A. pendelt.

Wohnen in Kalifornien hat inzwischen viel vom ursprünglichen Glanz verloren – nicht nur, weil es kaum mehr leistbar ist. Kalifornien ist der Staat, der am meisten unter dem Klimawandel leidet und lernen muss, damit zu leben. Zum ersten Mal traf ich Nance, als ich 2019 eine Geschichte über den Klimawandel in Kalifornien recherchierte. Nach extrem trockenen Jahren wüteten zwei Jahre hintereinander verheerende Waldbrände: im Jahr 2018 rund um San Francisco und im Weinbaugebiet Sonoma. Die Stadt mit dem im Nachhinein paradox klingenden Namen Paradise brannte damals zur Gänze ab. Ein Jahr später, im Herbst 2019, wüteten Feuer mitten in Los Angeles. Große Teile von Bel Air wurden während des »Getty-Feuers«, das auf den Hügeln rund um das weltbekannte Getty Museum loderte, evakuiert. Nance erlebte es in ihrem Haus in Bel Air hautnah. Zwei Mal musste sie ihr Haus verlassen. »Um 3h30 früh haben die Sirenen zur Evakuierung geheult, gleichzeitig ist der Strom ausgefallen. Unsere Taschen waren gepackt, auf die Evakuierung waren wir vorbereitet, weil wir wussten, dass es uns treffen könnte. Aber wir waren nicht darauf vorbereitet, alles im Dunkeln zusammensuchen zu müssen. Wir rannten mit den Hunden zum Auto und fuhren einfach nur los«, erzählt Nance.

Sie hatte Glück. Als sie nach ein paar Tagen der Ungewissheit zurückkehrte, stand ihr Haus noch. Das Haus ihrer Nachbarn, weiter oben am Hügel, war bis auf die Grundmauern niedergebrannt.

»Wir leben inzwischen mit der ständigen Gefahr von Bränden, wir bereiten uns vor, so gut wir können. Aber emotional ist man nie vorbereitet. Ich bin dankbar dafür, dass ich noch lebe, aber es ist beklemmend, mit dem Gefühl zu leben, dass alles, was ich habe, alles, was ich in meinem Leben aufgebaut habe, weg sein kann, wenn ich nach dem nächsten Feuer nach Hause zurückkomme.«

Der Blick von Nances Grundstück auf die umliegenden Canyons ist deprimierend. Die Hügel um das Getty Museum sind schwarz, ein paar verkohlte Baumgerippe ragen aus dem abgebrannten Boden. Es ist ein Los Angeles, das so ganz und gar nicht der Vorstellung vom sorglosen La La Land entspricht, wie Los Angeles oft genannt wird.

Nance wusste zu diesem Zeitpunkt noch nicht, dass sie auch im Juni 2020 dasselbe noch einmal erleben würde: Ein Buschfeuer brach am Hügel unmittelbar unter ihrem Grundstück aus, ihr Viertel wurde wieder mitten in der Nacht evakuiert. Und wieder hatte sie Glück: Ihr Haus steht noch.

Die Trockenheit der letzten Jahre in Kalifornien war katastrophal, sie ist eine Folge des Klimawandels. Da werden auch kleine Feuer schnell zu Bränden, die ganze Wohnviertel bedrohen. Verschärft wird die Situation noch durch die weitgehende Privatisierung von Stromerzeugern. Aus Profitgier haben sie es versäumt, trockenes Unterholz unter Stromleitungen zu entfernen – Funkenschlag war in den letzten Jahren die Ursache der meisten Brände. Die Kombination aus Dürre und Nachlässigkeit ist fatal. »Südkalifornien ist einer der schönsten Plätze der Erde«, sagt Nance, »aber hier zu leben heißt, mit Naturkatastrophen zu leben. Das ist für uns die neue Normalität. Wir alle müssen mit dem Klimawandel leben.«

Kalifornien ist einer der Bundesstaaten mit den strengsten Umweltgesetzen und pocht darauf, eigene Standards für Umweltschutz festzulegen, auch wenn das Wort Klimaschutz angesichts des mit jedem Jahr dichter werdenden Verkehrs bizarr klingt. Sieben der US-Städte mit der höchsten Luftverschmutzung liegen in Kalifornien, Los Angeles ist ganz vorne mit dabei. Trotzdem: Kalifornien hat die strengsten Emissionsgesetze und eine Vorreiterrolle in den USA in Sachen Umweltbewusstsein. Sehr zum Missfallen von Präsident Donald Trump: Er verbietet Kalifornien, eigene Emissionsgrenzwerte zu setzen. Kalifornien lässt sich das nicht bieten. Der Bundesstaat und einzelne kalifornische Städte klagen die Bundesregierung, die wiederum klagt Kalifornien. Mehr als 60 Klagen sind anhängig. Die Gerichte sollen entscheiden.

Der progressive Bundesstaat

Zurück zu Nance, der Kalifornierin. Sie gehört nicht zur Beach Crowd, die auf Rollerskates den Pazifik entlang dem Fitnesstrend frönt. Sie gehört auch nicht zu den ultraliberalen Kaliforniern, die dem hier längst legalisierten Marihuana huldigen, aber sie spiegelt wider, wofür die Westküste steht: Sie ist relaxed und dabei fokussiert, immer auf der Suche nach neuen Herausforderungen. Flexibilität ist für sie ein Schlüsselwort:»Als Business-Coach sage ich meinen Klienten immer: Denkt an eure nächste Karriere, noch bevor ihr die Halbwertszeit in eurem gegenwärtigen Job erreicht habt. In diesem Land ist nichts garantiert, auch eure Beförderung nicht. Ihr müsst immer die Zukunft im Auge behalten, um eure

Ziele zu erreichen.« Mit Eigenlob spart Nance, typisch amerikanisch, nicht. »Ich habe immer gewusst, dass ich eine Selfmade-Frau bin. Ich habe mich nie auf meinem Job ausgeruht, habe immer schon vorausschauend überlegt, was ich als nächstes machen könnte.« Für sie gilt das amerikanische Credo: »Wer harte Arbeit nicht scheut, kann immer etwas Neues beginnen.«

Kalifornien hat den Ruf, einer der progressivsten Bundesstaaten zu sein. Nance teilt die liberale Weltanschauung der meisten Kalifornier. Als ich sie auf das Thema Einwanderung anspreche, wird sie emotional: »Als Amerikanerin bin ich mir stets bewusst: Wir alle sind Einwanderer. Gegen Einwanderung zu sein, heißt, die eigene Vergangenheit zu verleugnen.« Nances Großeltern und Urgroßeltern sind aus Deutschland, Russland und, wie schon erwähnt, aus der österreichisch-ungarischen Monarchie eingewandert.

»Was jetzt an der Grenze passiert, wenn Kinder und Familien in Käfige gesperrt werden – das ist für dieses Land eigentlich unvorstellbar. Ja, wir haben das auch schon in der Vergangenheit getan, haben japanischstämmige Amerikaner im Zweiten Weltkrieg in Internierungslager gesteckt, haben Schiffe mit Juden aus Nazi-Deutschland zur Umkehr gezwungen. Das war unamerikanisch. Auch das, was jetzt an der Grenze passiert, ist unamerikanisch. Eine Grenzmauer zu bauen und Menschen auszuschließen, das widerspricht unseren Grundwerten.«

Eine zweite Amtszeit von Donald Trump, das wäre ein Alptraum für Nance. »Zum ersten Mal denke ich darüber nach, wo – wenn nicht in Kalifornien – ich glücklich sein könnte, in welchem Land ich leben könnte. In Panama vielleicht? Mein Geschäftspartner spricht perfekt Spanisch. Oder Vancouver? Meine Tochter hat Geschäftsbeziehungen in Kanada«, sinniert Nance, als wir an diesem sonnigen Samstag beim Lunch zusammensitzen.

Selbstverständlich wird Nance im November von ihrem Recht zu wählen Gebrauch machen. Die Kalifornier haben immer darunter gelitten, dass sie drei Zeitzonen hinter der Ostküste leben und bei Präsidentenwahlen nie wirklich das Zünglein an der Waage sein konnten, weil der Sieger mehr oder weniger feststand, bevor die

Wahllokale an der Westküste schlossen (ganz abgesehen davon, dass ohnehin klar war, dass Kalifornien demokratisch wählt). Zumindest bei den Vorwahlen haben sie 2020 mitreden können: Kalifornien hat sie dieses Jahr vorgezogen und schon im März, am Super Tuesday, abgestimmt. Das progressive Kalifornien hat für Bernie Sanders gestimmt, hat sich also auch innerhalb der Demokratischen Partei im Konzert der Bundesstaaten nicht durchsetzen können und wird mit Joe Biden als Kandidat leben müssen.

Für Nance wäre es sowieso endlich an der Zeit, dass das Land eine Präsident*in* hat. »Hillary war nicht nur die erste Frau, die angetreten ist, sie war die bestqualifizierte aller Kandidaten, die sich je um die Präsidentschaft beworben haben«, sagt sie. Auch 2020 muss Nance weiter warten. »Elizabeth Warren war die beste: Sie ist Verfassungsjuristin, hat sich mit der Regierung angelegt, um Konsumenten zu schützen, ist ein großartiger Mensch, selbst Mutter, und hat als Lehrerin für Kinder mit besonderen Bedürfnissen gearbeitet. Einen besseren Lebenslauf kann man sich gar nicht vorstellen, und wir haben darüber diskutiert, ob Senatorin Warren wählbar ist.«

»Aber«, sagt Nance, »wir sind eine A-B-T-Familie: Wir wählen Anybody But Trump.« Keine Frage, dass sie am 3. November Joe Biden ihre Stimme geben wird.

Die Dreamer

Aufgewachsen in den USA – aber nur geduldet

San Diego ☆ Hannelore Veit

Für Karen ist es einer der aufregendsten Tage in ihrem Leben. Es ist der 30. Jänner 2018, neun Uhr abends. »Mr. Speaker, the President of the United States«: Im großen Sitzungssaal des Repräsentantenhauses kündigt der Sergeant at Arms, der Zeremonienmeister, den Präsidenten an. Donald Trump hält zum ersten Mal vor dem versammelten Kongress, also vor beiden Häusern, dem Repräsentantenhaus und dem Senat, seine »State of the Union«-Rede an die Nation. Der Einzug in den Saal ist wie ein Triumphzug, links und rechts des Ganges versuchen Abgeordnete und geladene Gäste Trump die Hand zu schütteln oder vielleicht sogar ein paar Worte mit ihm zu wechseln. Keine Demokraten sind darunter, sie sind nicht besonders erpicht darauf, diesen Präsidenten willkommen zu heißen.

Alle sind sie gekommen, Senatoren und Kongressabgeordnete, die Richter des Obersten Gerichtshofs, die Mitglieder des Kabinetts und der Vereinigte Generalstab. Ganz oben auf der Balustrade verfolgt auch die 25-jährige Karen das Spektakel. Sie ist als Gast eines demokratischen Abgeordneten aus San Diego dabei. Der Abgeordnete, Scott Peters, hat Karen eingeladen, von San Diego an der Westküste nach Washington zu fliegen – nicht nur, um eine der wichtigsten demokratischen Traditionen der USA live mitzuerleben, sondern auch, um mit ihrer Anwesenheit auf ihre

Situation und die Situation von 800 000 anderen jungen Menschen aufmerksam zu machen. Karen ist das, was man hier Dreamer nennt: Sie ist als Kind aus Mexiko in die USA gekommen, hier aufgewachsen und voll integriert. Sie besitzt nicht die amerikanische Staatsbürgerschaft und hat bis heute keine gültigen Aufenthaltspapiere. »Dieses Land ist meine Heimat«, sagt sie. Eine andere Heimat kennt sie nicht.

Donald Trump spricht von der Mauer, die er bauen will, und einer gefährlichen Grenze im Süden, einem gesetzlosen Zustand, der die Sicherheit des Landes gefährdet, er zeichnet das Bild einer durchlässigen Grenze, über die Kriminelle ins Land kommen.

»Da war so viel hasserfüllte Rhetorik in dieser Rede – davon, Einheit in dieses gespaltene Land zu bringen, hat man nichts gehört. Es ist mir schwergefallen, dazusitzen und mir das alles anzuhören, aber ich war nicht die einzige der Dreamer-Generation auf der Tribüne und habe mir immer wieder selbst gesagt: Es ist wichtig, hier zu sein. Wir sind der Widerstand.«

Karen: jung, gestylt und klug

Ich lerne Karen im Frühjahr 2018 in La Jolla kennen. La Jolla ist eine der reichsten Gemeinden der USA, direkt am Pazifik nördlich von San Diego gelegen, eigentlich eine kleine Enklave in San Diego, aber La Jolla ist stolz darauf, nicht zur eigentlichen Großstadt zu gehören, »incorporated« zu sein, das heißt, eine eigenständige Gemeinde, ungefähr so, als wäre Grinzing eine eigene Gemeinde und nicht ein Teil von Wien. Kalifornische Bungalows, große Villen, manikürte Grünflächen, dieser Ort ist so perfekt, dass La Jolla Schauplatz nicht nur einer, sondern gleich mehrerer TV-Serien ist. Life is good here. Wenn man damit leben kann, dass am Abend öfters Nebelschwaden vom Pazifik hereinziehen und einen grauen Schleier über die Stadt legen, hat San Diego das beste Wetter, nie zu heiß und nie zu kalt. »Today we have San Diego weather«, sagen die Wetterfrösche im Radio und Fernsehen gerne, wenn sich im schwülen Washington – der Stadt, in der ich lebe – ausnahmsweise ein perfekter Sommertag ankündigt.

In La Jolla befindet sich Karens Arbeitsplatz, die University of California San Diego. Sie arbeitet als Forschungsassistentin an der medizinischen Fakultät der Universität. Mit strahlendem Lächeln kommt sie mir nach ihrem Dienstschluss entgegen. Sie entspricht so gar nicht dem gängigen Klischeebild mexikanischer Einwanderer, dem Klischeebild, das Präsident Trump in seinen Reden so oft verwendet. Als Vergewaltiger, Mörder und Leute, die unser System ausnützen, so bezeichnet Trump sie oft. Karen ist auffallend hübsch, zart, hat langes, dunkles Haar, ist modisch gekleidet: weißes Top, schwarzer Bleistiftrock, Ballerinas, ein schwarzer Pulli lässig um die Schultern geschlungen. Sie spricht perfekt und akzentfrei Englisch und natürlich perfekt Spanisch, ihre eigentliche Muttersprache. Karen, ist das nicht ein ungewöhnlicher Vorname für ein in Mexiko als Tochter von Mexikanern geborenes Mädchen?, frage ich sie. »Nicht wirklich«, sagt Karen: »Viele mexikanische Eltern, die mit der Idee gespielt haben, das Land zu verlassen, haben ihren Kindern englisch klingende Vornamen gegeben, damit sie nicht sofort als Immigranten auffallen.«

Karen hat ein Bachelorstudium abgeschlossen, arbeitet jetzt, um ein bisschen Geld zu verdienen, an der Uni, und hat große Pläne: Demnächst will sie ein Masterstudium beginnen. Ein hochqualifizierter Beruf im Gesundheitswesen schwebt ihr vor. Sie will Menschen helfen, vor allem unterprivilegierten Menschen, die sich medizinische Versorgung kaum oder gar nicht leisten können. Sie weiß, wovon sie spricht.

Neubeginn

Karen ist als Achtjährige im Jahr 2001 in die USA gekommen – aus einer Kleinstadt in Zentralmexiko. Ihr Vater, erzählt sie, kam bereits ein Jahr davor, wollte in den USA Geld verdienen und dann wieder zu seiner Familie nach Mexiko zurückkehren. Doch die

Drogenkartelle wurden in Mexiko immer mächtiger, es gab kaum Arbeit. »Wer einen niedrigen sozioökonomischen Status hatte, hatte null Aufstiegschancen. Für bessere Schulen musste man zahlen. Das Geld hatten meine Eltern nicht. Die USA waren für uns das Land der unbegrenzten Möglichkeiten.«

Karen kann sich nur mehr bruchstückhaft an ihre Reise in die USA erinnern. Viel hat sie damals nicht verstanden, sie war zu jung. Aber eines weiß sie noch genau: Sie hat mit ihrer Mutter und ihrer eineinhalb Jahre älteren Schwester ein paar Monate in Tijuana, der Grenzstadt auf der anderen Seite des Zaunes von San Diego, bei Bekannten verbracht. Ihre Mutter hat dort die Grenzüberquerung in die USA organisiert – ohne Visum, aber mit der Absicht, in den USA zu bleiben. Das war damals noch relativ einfach: »Meine Mutter hat einem amerikanischen Ehepaar viel Geld bezahlt, damit sie meine Schwester und mich in ihrem Auto über die Grenze mitnehmen. Niemand hat nach Papieren gefragt.«

Nicht so einfach war es für ihre Mutter. Erst beim dritten Grenzüberquerungsversuch gelang es ihr, in die USA zu kommen. An eines kann sich Karen noch gut erinnern: »Mom hatte am ganzen Körper blaue Flecken, an der Grenze ist es damals brutal zugegangen – für uns Kinder war es verstörend, sie so zu sehen.«

Am Anfang wohnte die vierköpfige Familie in einem einzigen Zimmer im Haus von Karens Tante. Hart arbeiten und den Aufstieg schaffen, das war der große Traum: »Mein Vater ist immer wieder mit mir und meiner Schwester zur University of San Diego, zur Universität, an der ich jetzt arbeite, gefahren und hat gesagt: ›Da müsst ihr reinkommen, das müsst ihr schaffen. Hier habt ihr die Chance, weiterzukommen, ihr wachst zweisprachig auf.‹«

»Wer in Mexiko nicht genug Geld hat, hat einfach keine Chancen. Das war der Hauptgrund für meine Familie, in die USA auszuwandern«, sagt Karen.

Inzwischen sind es nicht mehr Mexikaner, die zu Tausenden in die USA wollen, um dort als Erntearbeiter oder unterbezahlte Hilfsgärtner ihr Leben zu verdienen. Die Statistik zeigt: Heute ziehen mehr Mexikaner zurück nach Mexiko als von Mexiko in die USA.

Es sind jetzt vor allem Familien aus Mittelamerika, die in Ländern wie Honduras oder Guatemala die dort immer mehr überhandnehmende Bandenkriminalität fürchten oder keinen Ausweg aus ihrer Armut sehen. Über Soziale Medien oder Mundpropaganda wird ihnen vorgegaukelt, dass in den USA das schöne Leben auf sie warte. Sie sind bereit, ihr ganzes Erspartes Schleppern zu geben, um die Reise in den Norden zu unternehmen.

Karens Vater hat sein eigenes Unternehmen als Bodenleger aufgebaut. »Er beschäftigt US-Bürger als Mitarbeiter«, sagt Karen, »dass er nicht legal hier ist, weiß keiner seiner Angestellten. Er kann aber nur mit privaten Firmen zusammenarbeiten, kann keine Regierungsaufträge annehmen, auch wenn sie besser bezahlt wären.« Steuern bezahlt er, seit er hier ist, und nicht wenig, so Karen.

Der so oft kolportierte Mythos, dass Immigranten nur das Sozialsystem ausnutzen wollen, ist genau das: ein Mythos. Migranten tragen mit den Steuern, die sie zahlen, seien es Konsumentensteuern oder Einkommensteuern, genauso viel zur Wirtschaft Kaliforniens bei, wie sie diesen Bundesstaat mit Sozialleistungen belasten, so der Soziologe David FitzGerald von der Universität von San Diego, dessen Forschungsarbeit sich auf Immigration in Kalifornien konzentriert. »It's a wash – es gleicht sich aus«, bestätigt er mir im Interview.

Karen hat in San Diego eine zweisprachige Schule besucht, Englisch und Spanisch wurden gleichberechtigt unterrichtet. Der Anfang war hart, erzählt sie: »Meine Volksschullehrerin hat mir gesagt, du *musst* jetzt Englisch lernen. Sie hat sich geweigert, mit mir Spanisch zu sprechen. Ich bin hinten in der Klasse gesessen und habe Kassetten gehört, während die anderen Kinder gespielt haben. Ich habe mich ziemlich isoliert gefühlt. Aber heute weiß ich, meine Lehrerin hat mir damit enorm geholfen.«

Was es heißt, illegal im Land zu leben, hat Karen erst nach der Highschool so richtig erfahren. Sie hatte zwar immer vage im Hinterkopf, dass sie und ihre Familie anders waren. Doch zum ersten Mal war sie damit unmittelbar selbst konfrontiert, als sie ihr Studium begann: »Ich hatte keinen Ausweis, Stipendien gab es nicht für Leute wie mich, die Studiengebühren waren hoch. Ich konnte nicht wie andere an der Uni einen Studentenjob annehmen, konnte keinerlei Unterstützung beantragen. Das war ein großer Schock für mich.«

Das änderte sich mit den neuen Einwanderungsregeln, die der damalige Präsident Barack Obama 2012 per Dekret erließ: DACA, Deferred Action for Childhood Arrivals, nannte sich dieser Plan: Wer als Kind vor dem Jahr 2007 in die USA gekommen war, durchgehend hier gelebt und sich nichts zuschulden hatte kommen lassen, war vor Abschiebung geschützt und konnte eine Arbeitserlaubnis beantragen. Dreamer wurden diese Kinder genannt. Karen und Hunderttausende andere konnten erstmals aufatmen. Der Name Dreamer geht auf den Dream Act zurück, einen überparteilichen Gesetzesentwurf aus dem Jahr 2001. Tatsächlich auf ein Gesetz einigen konnten sich Republikaner und Demokraten aber nicht, obwohl sie mehrmals knapp davorstanden. Auch 2013 sah es nach Einigung aus, doch in letzter Minute scheiterte die Reform, die schon lange illegal im Land lebenden Menschen die Möglichkeit zu bleiben gegeben hätte und den Dreamern auch die US-Staatsbürgerschaft in Aussicht gestellt hätte. DACA war lediglich ein Präsidentendekret, das von nachfolgenden Präsidenten jederzeit wieder aufgehoben werden konnte. Kurz nach seinem Amtsantritt tat Präsident Donald Trump das auch.

Wie Trump selbst zu den Dreamern steht, ist schwer festzumachen: Einmal sagt er, er mag und schätzt die Dreamer: »I have a great love for them«, so Trump wörtlich, der Kongress solle ein Gesetz ausarbeiten: »It should be a bill of love«, ein Gesetz der Liebe solle es sein. Ein paar Monate später ist alles wieder anders. Es werde keinen Deal für Dreamer geben, sagt er dann wieder. Die Sache geht bis vor den Obersten Gerichtshof. Der fügt Trump im Juni 2020 eine empfindliche Niederlage zu und erklärt Trumps Aufkündigung der DACA-Regelung für gesetzwidrig. Alles ist weiterhin offen. Während ich diese Zeilen schreibe, kündigt Trump an, noch einmal mit neuen Dokumenten vor Gericht ziehen zu wollen.

Für Karen wurde mit Obamas DACA-Regelung und mit Gesetzen zu »undocumented immigrants«, Einwanderern ohne Papiere, die das progressive Kalifornien erlassen hatte, das Leben leichter. Kalifornien erließ damals ein Gesetz, das es allen, die illegal im Bundesstaat leben, ermöglicht, einen Führerschein zu erhalten. Der Gedanke dahinter: Es ist besser, diesen Menschen die Möglichkeit dazu zu geben und damit auch sicherzustellen, dass sie legal und auch mit Versicherung, die sie ohne offiziellen Führerschein nicht bekommen könnten, unterwegs sind. In Kalifornien und 14 weiteren Bundesstaaten sowie dem District of Columbia, der Hauptstadt Washington, ist es seither möglich, ohne Aufenthaltspapiere einen Führerschein zu erlangen.

»Ich konnte den Führerschein machen, einen provisorischen zwar, den ich alle zwei Jahre erneuern muss, aber immerhin, es ist ein Führerschein. Ich habe eine Sozialversicherungsnummer bekommen, die gilt nur für Arbeitszwecke, aber ich habe sie. Ich kann mich für Stipendien bewerben, kann mich für Jobs bewerben. Ich hatte plötzlich neue Chancen«, erzählt mir Karen.

Das prekäre Leben der Dreamer

Karens Vater war ebenfalls einer derer, die davon profitiert haben. Seit 2013 ist er mit Führerschein unterwegs – mehr als zehn Jahre fuhr er vorher ohne Führerschein. An seinem Aufenthaltsstatus hat die neue Gesetzeslage nichts geändert. Legal im Land ist Karens Vater noch immer nicht – und damit ständig der Gefahr ausgesetzt, dass Agenten der ICE (Immigration and Customs Enforcement), der Polizei und Zollbehörde des Heimatschutzministeriums, an die Tür klopfen, ihn in Handschellen abführen und des Landes verweisen. Die prekäre Situation von Karens Familie ist auch der Grund, warum ich ihren Familiennamen nicht nenne.

»Die Diskussion dreht sich in erster Linie um uns Dreamer«, sagt Karen, »aber sie sollte sich auch um die Generation meiner Eltern drehen. Sie sind die ursprünglichen Dreamer, haben von einem besseren Leben geträumt, als sie hergekommen sind, und sie arbeiten hart daran. Sie leben ständig in Angst, versuchen aber, nicht daran zu denken. Meine Mutter ist sehr religiös, vertraut da auf Gott, mein Vater arbeitet sieben Tage in der Woche, er hat gar keine Zeit, sich damit auseinanderzusetzen.«

Der Traum ihrer Eltern: ein Eigenheim. Bisher ist es sich nicht ausgegangen, die Ausbildung der beiden Töchter war teuer. Und Karen hat noch einen kleinen Bruder, er ist fünf Jahre alt, in den USA geboren und damit amerikanischer Staatsbürger.

Kritisch wird es für illegal im Land lebende Familien, wenn sie krank werden. »Heute weiß ich, Notfallambulanzen sind *verpflichtet*, Notfälle zu versorgen. Wir haben das nicht gewusst, als meine Mutter und meine Schwester eine akute Blinddarmentzündung hatten. Die zuständige Sozialarbeiterin hat damals gesagt: ›Ihr seid nicht legal hier, you don't qualify for anything, honey, ihr habt keinen Anspruch auf irgendwas, Schatzi.‹ Dann sind die Rechnungen gekommen, 60 000 Dollar insgesamt. Meine Schwester hat mit dem Krankenhaus verhandelt und unsere Situation dargestellt. Sie hat die Rechnungen auf 25 000 Dollar heruntergehandelt. Aber trotzdem, das war viel Geld für uns: Wir mussten das in Raten über Jahre abstottern.«

Keine Krankenversicherung zu haben, heißt für viele Menschen ohne Papiere: Zum Arzt geht man nur dann, wenn es absolut notwendig ist. Wer chronisch krank ist, wird vielleicht ein erstes Mal in der Notambulanz behandelt, aber zu Kontrollterminen geht kaum einer, das kann sich keiner leisten.

Ihre eigenen Erfahrungen haben Karens soziale Ader geweckt: Sie ist gebildet und gewandt, weiß, wie man mit Behörden umgeht und Formulare ausfüllt, und will anderen helfen. Sie sieht es heute als ihre Berufung, sich für die einzusetzen, die nichts haben.

Ich treffe Karen noch einmal im November 2019. Sie hat ihren Job an der Universität inzwischen aufgegeben. Im Jahr davor, als viele Familien aus Mittelamerika über die Grenze kamen, hat sie sich bei einer Flüchtlingshilfsorganisation als Freiwillige engagiert. »Ich war ständig dort, bin um 4 Uhr früh vor meiner regulären Arbeit hingegangen. Ob ich nicht für sie arbeiten wolle, haben sie mich dann gefragt, weil ich ohnehin immer dort sei«, grinst sie. »Das konnte ich nicht ablehnen und habe meinen Job an der Universität aufgegeben. Mein Herzblut war bei den Flüchtlingen. Ich habe am Heiligen Abend gearbeitet, am Christtag, zu Silvester – ich war praktisch rund um die Uhr dort.«

Viele Familien kamen im Jahr 2018 in Karawanen aus Mittelamerika in die USA. Das war, bevor Trump ein Abkommen mit Mexiko schloss und die Grenze mehr oder weniger dichtmachen ließ. Fast alle Immigranten, die damals in San Diego landeten, hatten Verwandte irgendwo in den USA. Karens Aufgabe war es, diese Verwandten ausfindig zu machen und die Flüchtlinge zum Greyhound-Terminal oder zum Flughafen in San Diego zu bringen, um sie mit ihren Familien zusammenzuführen. In den Notunterkünften war nicht genug Platz, alles musste sehr schnell gehen. An die hundert Menschen pro Tag wurden dort interviewt und weitergeschickt, erzählt Karen.

Emotional und psychisch habe sie das belastet, sagt Karen, aber es seien auch sehr schöne Erfahrungen dabei gewesen – und sie erzählt die Geschichte eines Vaters aus Guatemala, der mit seinem Sohn über die Grenze kam. »Der Vater hatte sich bei der Überquerung der Grenze ein Bein gebrochen. Der Chirurg, der ihn erstversorgt hat, hat angeboten, seine Behandlung und seine Rehab zu bezahlen. Ich habe den zehnjährigen Sohn für ein paar Wochen mit nach Hause genommen, er konnte nicht allein in der Unterkunft bleiben. Es war eine Freude für mich, zu sehen, wie gut er sich mit meinem fünfjährigen Bruder, der das Glück hat, auf dieser Seite des Grenzzauns geboren zu sein, verstanden hat. Er sprach nur Q'anjob'al, einen Maya-Dialekt, wir haben ihm ein bisschen Englisch und Spanisch beigebracht.« Karen lächelt. »Als sein Vater weiterreisen konnte, habe ich die Flugtickets gekauft, damit sie zu ihren Verwandten in Alabama fliegen konnten.« Bezahlt hat Karen die Tickets von ihrem eigenen Geld. Sie ist heute noch in Kontakt mit den beiden.

Karen hat eine soziale Ader und große Pläne. Sie will zurück an die Uni und ihr Masterstudium beginnen. Sie ist überzeugt, dass sie mit ihrem Familienhintergrund prädestiniert dafür ist, Immigranten zu helfen. »Ich will vor allem denen helfen, die sich selbst nicht helfen können«, sagt sie: für Menschen am Rande der Gesellschaft da sein und sicherstellen, dass deren Grundrechte gewahrt werden, dass sie zumindest medizinische Versorgung haben.

Die Ungewissheit bleibt, der Mut zur Zukunft auch

»Jeder Einwanderer muss sich im gegenwärtigen politischen Klima wirklich Sorgen machen. Ich sage meinen Eltern immer: Hört nicht zu viele Nachrichten. Journalisten setzen auf Emotionen, entweder ganz rechts oder ganz links. Die Botschaft, die da rüberkommt, lautet: Ihr müsst Angst haben, ob das jetzt eine Drohung ist oder gut gemeint. Es erzeugt Stress, und Stress ist ein Killer.«

Für Grenzschutz und strikte Kontrollen hat sie trotz ihres Engagements für Flüchtlinge volles Verständnis: »Absolut«, sagt Karen. »Die Schließung von Tunnels, durch die Menschen und Drogen geschmuggelt werden, ist genauso wichtig wie genaue Grenzkontrollen es sind. Kriminelle, Schmuggler und Drogenhändler müssen gestoppt werden. Nur wer wirklich Asyl braucht, soll hereinkommen dürfen. Eine Mauer, wie Trump sie fordert, ist nicht die Lösung, die Debatte gleitet da schnell ab: Asylsuchende werden Kriminellen gleichgestellt.«

Auf die Frage, ob Karen vielleicht einmal selbst in die Politik gehen wolle, lacht sie. »Mein Freund sagt mir immer, ich solle das tun und mich in der Lokalpolitik engagieren.« Ein Ja ist es nicht, ein klares Nein ist es auch nicht. Ihr Freund ist Amerikaner mit ecuadorianischen Wurzeln, er hat in der Navy gedient. Zurzeit besucht er die Polizeiakademie in San Diego: Er will Kriminalbeamter werden.

Karen selbst hat sich damit abgefunden, halblegal und nur geduldet in diesem Land zu leben. »Als Trump unseren Status als Dreamer für null und nichtig erklärt hat, hatte ich Angst und war ständig in Sorge. Inzwischen denke ich: Ich will mein Leben leben, ich kann nicht ständig in Angst leben. Ich habe meine Pläne, weiterzustudieren, lange hinausgeschoben, ich will nicht länger im Ungewissen leben. Ich lasse die Dinge an mich herankommen. Sich ständig Sorgen machen, macht krank.«

Karen arbeitet, wenn dieses Buch erscheint, vermutlich an ihrem Master's Degree an einer Universität irgendwo in Kalifornien oder Arizona. Ihr legaler Status ist nach wie vor in Schwebe.

Für sie und die 800 000 anderen Dreamer heißt es: weiterträumen.

Der Außerirdische

Schräge Begegnungen der dritten Art in der Wüste

Nevada ☆ **David Kriegleder**

Das silberne Wellblechdach reflektiert die glühende Wüstensonne Nevadas. Das Gebäude steht einsam am Rande des Highway 375. Es könnte als Flughangar oder futuristisches Gewächshaus durchgehen, wäre nicht eine über zehn Meter hohe Statue vor dem Eingang platziert, die den wahren Zweck des Bauwerks offenbart. Die Skulptur heißt »Fred« und ist ein aus foliiertem Metall zusammengeschweißter Außerirdischer, mit dünnen Armen und Beinen sowie großen, schwarzen, dreieckigen Augen. Fred ist das Maskottchen des »Alien Research Centers« – eine Pilgerstädte für Träumer, Spinner, Schaulustige und UFO-Enthusiasten aus dem ganzen Land –, gelegen am Stadtrand des Hundert-Einwohner-Städtchens Hiko, zwei Autostunden von der Kasino-Metropole Las Vegas entfernt.

»Wahnsinn, endlich kommen die Dinge in Bewegung – things are happening«, sagt der Leiter der Einrichtung, George Harris, während er mir energisch die Hand schüttelt. »Wir brauchen den öffentlichen Druck, damit die Regierung endlich mit der Wahrheit rausrückt.« Harris ist Anfang 50, er trägt Glatze und ein schwarzes T-Shirt, auf dem ein grüner Alien-Schädel abgedruckt ist. Der Mann aus Nevada hat einen eindringlichen Blick, der, während wir sprechen, immer wieder nervös über die Landschaft wandert. »Wenn Sie etwas über Außerirdische erfahren wollen, sind Sie hier genau richtig«, sagt er mit dem geschult-selbstbewussten Ton eines Verkäufers. »Sehen Sie die Gebirgskette dort drüben? Gleich dahinter befindet sich die geheime Militärbasis Area 51.«

George Harris bezeichnet sich als »True Believer«, also als jemand, der fest daran glaubt, dass außerirdische Raumschiffe bereits auf der Erde gelandet sind, und mit ihnen extraterrestrische Lebensformen. Diese Ansicht teilt er laut aktuellen Umfragen mit rund 30 Prozent der US-Bürger. Und fragt man nach, ob die US-Regierung mehr über Außerirdische weiß, als sie zugibt, antworten sogar knapp zwei Drittel aller Amerikaner mit »Ja«. Diese Faszination des Über- und Außerirdischen und der großen Verschwörung dahinter drückt sich seit Jahrzehnten in der US-Populärkultur aus. In Filmklassikern wie »Unheimliche Begegnung der dritten Art« (1977) und »Independence Day« (1996) sowie dem jüngst erschienenen »The Vast of Night« (2019); ebenso in zahlreichen Fernsehserien wie »Akte X« und dem neueren »Project Blue Book«. Gemeinsam bilden sie einen ganzen Kanon an Pflichtmaterial für die UFO-Fangemeinde.

Es ist eine Subkultur, die mich schon lange fasziniert, nicht zuletzt, weil sie die tief verwurzelte Skepsis der US-Bürger gegenüber ihrer Regierung in Washington widerspiegelt, ein Misstrauen gegenüber einem allgegenwärtigen, aber kaum greifbaren »Deep State«, also einem Staat im Staate, bestehend aus Militär, Geheimdiensten und Geheimbünden, der angeblich die Geschicke des Landes im Verborgenen leiten soll. Und dafür auch bereit sein soll, so Wesentliches wie den Kontakt mit interstellaren Besuchern zu verheimlichen und zu vertuschen. Verschwörungstheorien und Wahnvorstellungen sind die wahrscheinlich wichtigsten Bausteine der US-amerikanischen Gesellschafts- und Kulturgeschichte, bilanziert Autor Kurt Andersen in seinem lesenswerten Buch »Fantasyland: How America Went Haywire: A 500-Year History«.

»Mein Interesse für Außerirdische wurde während meiner Zeit beim Militär geweckt«, erzählt Ufologe George Harris. »Ich habe dort im Bereich der psychologischen Operationen gearbeitet«, fügt er mit gesenkter Stimme und konspirativem Gesichtsausdruck hinzu, ohne in die Details zu gehen. Er selbst habe schon vier Mal merkwürdige Flugobjekte hier in Nevada gesehen – »die abrupten, erratischen Flugbewegungen, die Geschwindigkeit, die Lichtbrechung – das waren keine menschengemachten Flugkörper, das versichere ich Ihnen!« Also entschied der gelernte Möbelrestaurator vor 20 Jahren, seine eigenen Nachforschungen zu starten – das war die Geburtsstunde des »Alien Research Center«. Ziel sei es, Augenzeugenberichte von UFO-Sichtungen und Entführungen durch Aliens zu sammeln. Ein teures Hobby, so Harris, das er sich mit einem kleinen Museum und einem üppig ausgestatteten Souvenir-Shop finanziere. Verkauft werden Kühlschrankmagnete, Postkarten, aufblasbare grüne Männchen und alles, was das UFO-Enthusiasten-Herz sonst noch begehrt. Harris' Frau und seine Teenager-Tochter wechseln sich hinter der Kassa ab.

Harris war immer wieder auch politisch aktiv. Er gibt an, der frühere Bezirkschef der Republikaner in der Stadt Hiko gewesen zu sein und davor Finanzvorstand der Republikanischen Partei Nevadas. Im Jahr 2011 trat Harris sogar als Kandidat bei der Bürgermeisterwahl in Las Vegas an – das Ergebnis fiel mit fünf Prozent Stimmenanteil aber eher bescheiden aus. Bis heute verlegt er das ultra-libertäre Online-Magazine »Liberty Watch: The Magazine«.

Am Tag unseres Besuches ist das UFO-Forschungszentrum außerordentlich gut besucht. Dutzende Menschen drängen sich im Gebäude – mehrere von ihnen tragen selbst gebastelte Aluminiumhüte auf dem Kopf, die bekanntlich vor elektromagnetischen Strahlen und geheimen Gedankenlese-Operationen der Regierung schützen sollen. Für die Familie Harris ist es ein ganz besonderes Wochenende. Sie erwartet mehrere Tausend Besucher auf dem Gelände, vielleicht sogar noch mehr. Schließlich soll in wenigen Stunden das »Storm Area 51«-Festival starten – ein Freiluft-Event, dessen chaotische Planungsgeschichte die ganze Region seit Wochen in Atem hält und das auch uns in die Wüste Nevadas gelockt hat.

»They can't stop us all«: Das Woodstock für Ufologen

Ins Rollen gebracht wurde die Aktion durch ein Interview des einflussreichen Internet-Podcasters Joe Rogan. Darin unterhält dieser sich mit einem Mann namens Bob Lazar, einer prominenten und in manchen Zirkeln sogar legendären Figur der amerikanischen Ufologen-Szene. Lazar tourt seit Ende der 1980er Jahre durchs Land und erzählt, dass er als Ingenieur in einer geheimen Militäranlage namens »S4«, einem Unterkomplex der auch als »Area 51« bekannten Nellis Air Force Base in Nevada, tätig war. Dort habe er gemeinsam mit anderen Technikern an der Erforschung von mehreren außerirdischen Flugobjekten gearbeitet, mit dem Ziel, ihre Technologie für die Menschheit nutzbar zu machen. Dabei sei er auf das bis dahin unbekannte chemische Element 115 gestoßen, das durch die Erzeugung eines Gravitationsfeldes als Treibstoff für interstellare Reisen genutzt werden könne (im Jahr 2003 gelang es russischen Wissenschaftlern tatsächlich, dieses äußert instabile Element künstlich herzustellen, seither ist es auch als »Moscovium« bekannt).

Der junge Kalifornier Matty Roberts sieht den Podcast auf YouTube und erlaubt sich einen Scherz: Er kreiert einen Facebook-Event und ruft andere Internetnutzer dazu auf, sich in Nevada zu treffen und das verbotene Militärgelände zu stürmen. Das Motto: »Wir wollen die Wahrheit über Area 51 und sie können uns nicht alle aufhalten – they can't stop us all!« Binnen weniger Tage melden sich über zwei Millionen Facebook-Nutzer für diese »Veranstaltung« an – so viele, das selbst die US-Luftwaffe mit einer nervösen Presseaussendung darauf reagiert. Darin warnt sie ausdrücklich vor Versuchen, das Gelände zu betreten.

Was folgt, ist eine etwas bizarre und dem amerikanischen Unternehmergeist entsprechende Eigendynamik: Der junge Kalifornier versucht, den ursprünglich geplanten Flashmob in ein Musikfestival umzuwandeln, weitere Veranstalter, Sponsoren und Trittbrettfahrer springen auf, man wirbt mit einem Fest der Superlative für die UFO-Fans – das nächste »Woodstock«, das nächste »Burning

Man«; »Alienstock – Storm Area 51« soll die Veranstaltung heißen. Doch als eine Woche vor dem Termin klar wird, dass das Projekt einer organisatorischen Katastrophe entgegensteuert, springen die Veranstalter wieder ab.

»Also sind wir eingesprungen«, sagt George Harris vom Alien Research Center, »wir haben ja die Infrastruktur, und die Neugier der Bevölkerung ist extrem wichtig für unsere Mission.« Allerdings rate er allen Besuchern davon ab, die Area-51-Militärbasis tatsächlich zu stürmen – »die verstehen dort keinen Spaß«. Der UFO-Enthusiast läuft aufgebracht über sein Gelände und gibt letzte Anweisungen. Hinter dem Zentrum werden gerade eine Bühne und mobile Toiletten aufgebaut, die Fastfood-Kette Arby's hat ein kleineres Sponsoring-Zelt vorbeigebracht. Währenddessen versammelt sich die Crème de la Crème der amerikanischen Ufologen-Szene im hinteren Trakt des Gebäudes. Auf einem kleinen Podium diskutieren Figuren wie Jane Kyle alias »UFO-Jane« aus Texas und der Dokumentarfilmer Jeremy Corbell, der gerade für Netflix ein Porträt über den UFO-Enthüller Bob Lazar gedreht hat. Zahlreiche Gäste hängen an ihren Lippen, ein pensionierter Air-Force-Pilot schildert emotional seine Begegnung mit einer fliegenden Untertasse. »I saw it with my own eyes, no doubt…«

Militär veröffentlicht UFO-Videos

Die amerikanischen UFO-Enthusiasten haben zuletzt durch mehrere Ereignisse Auftrieb erhalten: Zum einen musste der US-Geheimdienst CIA im Jahr 2013 nach langem rechtlichen Tauziehen erstmals die Existenz der Militärbasis Area 51 zugeben – selbstverständlich ohne auf weitere Details oder die Funktion der Anlage einzugehen. Zum anderen bestätigte die US-Navy im Jahr 2019 die Echtheit von mehreren seltsamen Luftaufnahmen ihrer Kampfpiloten. Die von US-Medien veröffentlichten Videos stammen aus den Jahren 2004 und 2015 und zeigen scheibenförmige Flugobjekte, die mit großer Geschwindigkeit und Zick-zack-Bewegungen vor den Augen und Sensoren der Kampfpiloten über den Himmel jagen – einer der verblüfften Piloten kommentiert das Schauspiel mit »What the f**k is that?«. Die Navy spricht in ihrer Stellungnahme von »unidentified aerial phenomena«, also von »nicht-identifizierten Phänomenen in der Luft«, ohne sich auf weitere Spekulationen einzulassen. Die Militärbehörde forderte ihre Piloten öffentlich dazu auf, die Augen offenzuhalten und weitere Vorfälle dieser Art zu melden.

Die mediale Aufregung um die Videos und den Bericht wurde so groß, dass selbst Präsident Trump im Oval Office von Journalisten dazu befragt wurde. Ob das denn Aliens waren? »Eher unwahrscheinlich, aber wir werden die Bevölkerung auf dem Laufenden halten«, antwortete der »Commander in Chief« Trump, der bei diesem Thema ausnahmsweise keine Lust zu verspüren schien, Verschwörungstheorien weiter zu befeuern.

»Das Weiße Haus und der Kongress haben doch gar keine Ahnung, was da vor sich geht«, sagt George Harris. Ein kleiner Kreis von eingeweihten Militärs halte die Sache unter Verschluss. Darum sei es in dieser Frage völlig egal, welcher Präsident oder welche Partei gerade an der Macht ist.

»Diese Art der Geheimhaltung kennen wir seit 1947 – damals ist das erste extraterrestrische Raumschiff in Roswell, New Mexico, abgestürzt und damals begannen die heimlichen Experimente an den Aliens und ihrer Technologie.« Die Durchbrüche auf dem Gebiet der militärischen Tarnkappen-Technologie und die rapiden Fortschritte im Telekommunikationsbereich in den vergangenen Jahrzehnten – all das hätte die Menschheit ohne die Rekonstruktion der erhaltenen außerirdischen Technologien doch nie geschafft, so Harris. »Reverse Engineering« wird diese »Beweisführung« in der UFO-Szene gerne genannt.

Wenn Harris über Außerirdische spricht, erinnert er dabei ein wenig an einen religiösen Eiferer. »Ich denke, in spätestens drei Jahren wird etwas ganz Großes passieren, die Aliens werden sich der Menschheit offenbaren und das neue Zeitalter wird anbrechen«, sagt er in prophetischem Ton, »… dann werden wir, die wir von

Anfang an geglaubt haben, gerettet und verschont werden – all die Zweifler wahrscheinlich nicht.«Als Ufologe werde er natürlich oft verspottet, gibt Harris zu und setzt mit einem weiteren religiösen Gleichnis fort:»Wenn ich mit Menschen rede, erkläre ich es meistens so: Sie glauben an Jesus Christus, ja? Aber gesehen haben Sie ihn doch nie, oder? Na also, genau so ist das bei mir auch. Ich glaube an Jesus und ich glaube an Aliens, obwohl ich beide nicht mit meinen Augen gesehen habe.«

Während Harris solche tiefgründigen Überlegungen von sich gibt und weiteren angereisten Journalisten Rede und Antwort steht (darunter einem eigens auf Aliens spezialisierten TV-Sender – only in America!), wird klar, dass das groß angedachte Event für ihn zumindest in finanzieller Hinsicht zum Reinfall zu werden droht. Zwar sind an diesem Tag über hundert Leute auf seinem Gelände, doch das Abendprogramm wurde bereits abgesagt, mehrere Musikbands sind abgesprungen, weil zu wenige Zuschauer erschienen sind. Denn es stellt sich heraus, dass das weit größere Treffen der UFO-Gemeinde im 20 Kilometer entfernten Dorf Rachel stattfindet. Der Weg dorthin führt über eine Schnellstraße, die in Reiseführern liebevoll»Extraterrestrial Highway« genannt wird.

Vor den Toren von Area 51

Auch in Rachel hat eine lokale Unternehmerin versucht, das Area-51-Internetphänomen anzuzapfen: Connie West, der ein kleines Motel und Restaurant mit dem entzückenden Wortspiel-Namen »Little A'Le'Inn« gehört. Daneben wurde eine Campingzone aus dem Boden gestampft, mit dem Ziel, das chaotische Festival zu retten. Kein Strom, kein fließendes Wasser, keine Verkaufsstände für Proviant, dafür jede Menge Wüstenstaub. Auch wir schlagen unser Zelt hier auf, wissend, dass uns die nächsten Tage einige Entbehrungen abverlangen werden – aber es ist die einzige Chance, tief in die Welt der angereisten UFO-Freunde einzutauchen und dieses anarchistische Spektakel authentisch in einer Reportage ein-

zufangen. Wir haben einen Campingkocher, mehrere Trinkwasser-
kanister, Konservendosen und die für die USA typische getrock-
nete Wurst »Beef Jerky« mitgebracht; dazu eine Flasche Bourbon-
Whiskey für die kalten Wüstennächte. Die Kamera-Akkus laden
wir regelmäßig an der Autobatterie auf – sollte sie leer werden,
müssten wir uns auf mitgebrachte Starterkabel und hilfsbereite
UFO-Jünger verlassen.

Im Laufe des Tages füllt sich das Areal schnell, mehrere Tausend
Menschen sind gekommen – eine bunte Mischung aus Amerikanern jeglicher Altersklasse und Herkunft. Vor der Einfahrt zum
Festivalgelände treffen wir einen 50-jährigen Armeeveteranen, der,
neben seinem Jeep stehend, gerade versucht, den Polizeifunk ab-
zuhören. »Klar verbergen die in der Area 51 Geheimnisse, aber ich
glaube, das sind eher geheime Waffenprojekte und keine Außerirdischen.« Er sei da eher skeptisch, was wohl an seinen familiären
Wurzeln liege – »mein Großvater war Österreicher!«.

Anders sieht das unsere Camping-Nachbarin Laurey, die mit
ihrer Mutter aus Kalifornien hergefahren ist und einen alien-inspi-
rierten Haarreifen trägt. »Wir wollen endlich wissen, wer dort
was oder wen testet – je geheimer, desto größer unsere Neugier –,
natürlich haben die dort UFOs versteckt«, meint sie.

»Ich bin wegen der freundlichen Community hier und dafür
extra aus Italien angereist«, erzählt uns ein junger Mann namens
Adriano.

»Ich glaube, dass die Aliens längst unter uns leben, als Menschen
getarnt – und die Regierung leugnet es. Das ist so schade, denn ich
würde so gern einen Alien streicheln«, sagt die 20-jährige Malka.
Sie trägt einen silberfarbenen Latex-Ganzkörperanzug und einen
leuchtenden Neon-BH. Während wir sie interviewen, läuft ein
Mann mit grüner Maske wie von der Tarantel gestochen über das
Gelände.

Die Bewohner Rachels haben dem Wochenende mit großer Sorge
entgegengeblickt, denn für eine große Menschenansammlung dieser Art fehlt hier jegliche Infrastruktur. Nervös sind auch die Behörden – die Polizeikräfte der Region wurden an diesem Wochenende

massiv aufgestockt. Ihre Einsatzfahrzeuge umkreisen das Gelände mit Dauerblaulicht, zwischen ihnen und den Besuchern entsteht ein kurioses Katz-und-Maus-Spiel. Denn aus Rachel führen zwei Schotterstraßen zum Eingang des Area-51-Militärsperrgebietes – mehrere Straßenblockaden werden errichtet und wiederholt verlegt, um die Besucher an der Anfahrt zu hindern. Doch als klar wird, dass nur einige Tausend, nicht aber Millionen Menschen angereist sind, entspannt sich die Lage langsam, die Polizei öffnet die Zufahrtstraßen und die Pilgerfahrt zum verbotenen Tor kann beginnen.

Wir schließen uns dem Autokonvoi an, der nach 15-minütiger Fahrt zum Stehen kommt. Eine weitere Straßensperre, die letzten 300 Meter müssen zu Fuß überwunden werden.

Mehrere schwarze Geländewagen und ein Pickup-Truck sind vor dem Eingang des Militärsperrgebietes geparkt. Ich zähle acht bewaffnete Männer mit Tarnhosen, aber ohne Uniform (Militär? CIA? Söldner? Wir fragen lieber nicht nach), die vor der Einfahrtschranke stehen. Ein dreieckiges Schild warnt vor dem Betreten des Geländes, hohe Geld- und Haftstrafen drohen. Eine kleine Grenzschutzhütte ist zu sehen, dahinter nur Wüste, umzäunt von mehreren hundert Meter NATO-Stacheldraht in beide Richtungen. Die Sicherheitskräfte scheinen gut gelaunt zu sein. Sie lassen die neugierigen UFO-Fans bis zur Schranke marschieren. Bis hierher und nicht weiter, lautet die Devise – Erinnerungs-Selfies: ja, Erstürmung des Geländes: denkt gar nicht dran! Wir packen die Kamera aus und drehen den Aufsager für unsere ORF-Reportage. Die bewaffneten Männer fotografieren uns dabei.

Unter den anwesenden UFO-Interessierten macht ein Gerücht die Runde. Gestern habe eine Pensionistin versucht, die Schranke zu durchbrechen.»Die haben sie sofort verhaftet und ins Innere des Militärareals gebracht«, erzählt ein junger Mann mit kahl geschorenem Kopf, der sich als Kyle vorstellt.»Ich versuche es vielleicht heute Nacht.« »Wir lassen das mit der Erstürmung lieber, das lohnt sich nicht, wir wollen nicht erschossen werden«, sagen Lisa Flores und Tom Green, ein junges Paar aus Idaho.

Zurück auf dem Campingplatz schließen wir uns mehreren Besuchern an, die sich um ein großes Lagerfeuer versammelt haben. Jeder erzählt »seine UFO-Geschichte«, im Hintergrund donnert elektronische Goa-Musik aus Autolautsprechern. Die Stimmung ist friedlich und ausgelassen. Und so endet das dreitägige Festival schließlich auch – ohne größere Unfälle oder Verletzte. Eine Begegnung der dritten Art gab es für die Besucher zwar nicht, aber dafür eine zwischen Gleichgesinnten. Familienfreundliche Anarchie in der Wüste Nevadas, ohne Eintrittsgeld und Kommerz – allein das ist fast wie von einem anderen Stern. Nächstes Jahr soll das Event wiederholt werden – größer, bunter und noch schrulliger, verspricht die Organisatorin zum Abschied.

Die Wahrheit ist irgendwo da draußen

Darauf baut auch der Alien-Enthusiast und Leiter des Alien Research Centers George Harris. »Ich denke, wir haben mit diesem Wochenende den Grundstein für eine Bewegung gelegt – eine Bewegung, die jetzt Druck aufbauen muss, damit das Militär endlich seine Geheimnisse über Area 51 preisgibt.« Und wenn der Tag X dann wirklich da sei und die Existenz und Anwesenheit der Aliens öffentlich bekannt sei, dann könne die Menschheit endlich beginnen, in andere Solarsysteme zu reisen.

»Die Zahl derer, die Antworten verlangen, wird immer größer«, sagt Harris, und es handle sich dabei um Menschen aus allen Bundesstaaten und Gesellschaftsschichten. Auch Mitglieder der aus den Sozialen Medien und dem Reality-TV bekannten Kardashian-Familie hätten sein Forschungszentrum schon besucht, fügt er stolz hinzu. Vielleicht wäre eine Alien-Invasion tatsächlich das Einzige, was dieses gespaltene Land noch einen kann, wandert es mir durch den Kopf.

Der selbstbewusste Ufologe setzt zum Schlusswort an: »Es gibt Leute, die halten mich für den klügsten Menschen auf der Erde, andere halten mich für verrückt, weil ich an Aliens glaube, aber das ist mir alles egal – ich habe mein Ziel vor Augen und lasse mich nicht beirren, die Wahrheit ist irgendwo da draußen.«

Ob Harris das alles wirklich glaubt oder ob er am Ende doch nur ein genialer Vermarkter seines Fan- und Souvenir-Shops ist, kann ich bis zum Schluss nicht sagen. Dafür wird mir bei unserer Heimreise klar, wieso gerade diese Gegend auch abseits der Area-51-Mythologie eine solche Anziehungskraft auf UFO-Enthusiasten ausübt. Als die Sonne am Horizont über dem »Extraterrestrial Highway« untergeht, taucht sie die karge Wüstenlandschaft in orangefarbenes Licht. Die massiven Gesteinsformationen, die surreale Wolkenkonstellation, die Weite, die Leere – all das beflügelt die Fantasie, es ist, als befände man sich tatsächlich auf einem fremden Planeten. Wir filmen diese außerirdische Szenerie und suchen den Himmel ein letztes Mal vergeblich nach fliegenden Untertassen ab.

Wenige Stunden später dann der Schock: Beim Sichten des Drehmaterials stellen wir entsetzt fest, dass unsere Kamera-Speicherkarte defekt ist. Alle nahe des Militärsperrgebiets gedrehten Himmels- und Landschaftsaufnahmen sind verschwunden – einfach gelöscht. Ist der Wüstensand daran schuld? Ein elektromagnetischer Impuls? So etwas ist mir in meiner Fernsehjournalisten-Laufbahn noch nie passiert. Und spätestens jetzt bin auch ich mir nicht mehr sicher, was ich glauben soll.

Die Camper

Der Traum vom Leben am Highway

Massachusetts ☆ Hannelore Veit

»Goodness, there is a lot of Pennsylvania«, dieser Satz in einem Blog springt mir bei meinem täglichen Social-Media-Check ins Auge. Nicht nur, weil er mich überrascht: Pennsylvania, das war in meiner Wahrnehmung immer einer der kleineren Bundesstaaten (und er liegt tatsächlich größenmäßig an 33. Stelle der 50 Bundesstaaten). In diesem Satz schwingt so viel mit: die enorme Weite dieses Landes, die Lust, dieses Land zu bereisen und zu entdecken, der Pioniergeist von »Go West« und die Romantik der Straße. »Drei Tage, und wir sind schon fast in Ohio«, schreibt Jenny leicht ironisch weiter in ihrem Blog.

Jenny kenne ich aus unserer Studienzeit. Sie und ihr Ehemann Jim Frost gehören zu den modernen amerikanischen Nomaden. Vor zwei Jahren haben sie sich entschlossen, den amerikanischen Traum der großen Freiheit zu leben. Die Hälfte des Jahres ist der Wohnwagen ihr Zuhause – für sie wie für Hunderttausende andere Amerikaner. Der Trend ist unaufhaltbar. Jedes Jahr werden es mehr. Getrieben sind sie vom Abenteuergeist und von der Begierde, mehr von diesem großen und abwechslungsreichen Land zu sehen.

»Der Roadtrip ist ein Teil des amerikanischen Traums«, bestätigt Jim. Wir sitzen am Thanksgiving-Wochenende 2019 in ihrem Haus in Massachusetts zusammen. Thanksgiving, das ist *der* große amerikanische Feiertag, ganz Amerika steht still und feiert diesen Tag im Kreis der Familie. Auch zwei der drei erwachsenen Kinder der Frosts sind gekommen, aus New York und aus Nashville, wo sie ihre Jobs haben. Für die Frosts ist es ein perfektes Wochenende, um die nächste Reise zu planen. Es ist auch ein perfektes Wochenende, um die zwei mehrmonatigen Reisen in den Süden und Westen, die die beiden hinter sich haben, Revue passieren zu lassen.

Vom Top-Job ins Fernweh-Abenteuer

Jenny und Jim sind um die 60. Sie ziehen das Abenteuer dem, wie es so schön heißt, wohlverdienten Ruhestand vor. Für viele Amerikaner ist der letzte Arbeitstag kein Schlusspunkt, sondern der Beginn eines neuen Lebensabschnitts, für den man sich – hoffentlich – genug Geld auf die Seite gelegt hat.

Jenny und Jim haben das. Sie besitzen nicht irgendeinen Wohnwagen, nicht irgendeinen RV, wie die Amerikaner mit ihrer Vorliebe für Abkürzungen sagen. RV steht für Recreational Vehicle, also Wohnwagen, Wohnanhänger, Motorhome. Die Frosts sind Eigentümer eines klassischen Airstream, der Rolls-Royce unter den Wohnwagen. Silberfarben, nostalgisch rund, ohne Ecken und Kanten ist er, so wie man sich einen klassischen amerikanischen Wohnwagen, einen Trailer, wie sie sagen, vorstellt, ein RV mit Stil. Seit fast hundert Jahren werden Airstreams mit ihrer markanten Außenhülle aus Aluminium gebaut. »Sie sind dem Rumpf und der Aerodynamik eines Flugzeugs nachempfunden«, sagt Jim stolz.

Mehr als 100 000 Dollar haben die beiden für den Traum des Nomadendaseins gezahlt, der Airstream sollte groß genug sein, um bequem reisen zu können, immer wieder wurde bei der Planung nachgebessert: ein paar Zoll mehr in der Küche, ein paar Zoll mehr, um Platz für ein größeres Bett zu haben, und ein paar Zoll mehr, damit auch ihr Hund Dakota seine eigene Nische hat. »Ein Airstream fährt aber nicht alleine«, lacht Jim. »Das Gefährt will gezogen werden. Dazu braucht man ein Auto mit ordentlich vielen PS. Also haben wir nicht nur den Airstream, sondern auch den passenden Truck dazu gekauft.« Der »Truck«, im Prinzip ein leistungsstarker SUV, war auch nicht ganz billig.

Jenny und Jim sind New Yorker. Sie sind das, was die Amerikaner highly educated nennen, sie haben an den besten Unis des Landes studiert. Jenny ist Absolventin des Smith College in Massachusetts, Jim ist ein Yalie, er hat an der Eliteuniversität Yale studiert. Als young professionals, in ihren ersten Jobs in New York City, haben sich die beiden kennengelernt. Sie sind ein power couple: Beide arbeiteten bei großen amerikanischen Verlagen. Jenny hat Karriere bei Random House gemacht, stieg zur Chefin von Crown Publishing auf, einer Tochtergesellschaft von Penguin Random House. In dieser Funktion brachte sie 2006 auch Barack Obamas Buch »The Audacity of Hope« (auf Deutsch unter dem Titel »Hoffnung wagen« erschienen) heraus. »Crazy«, sagt Jenny heute noch, Obama hatte den Abgabetermin des Manuskripts um sechs Monate überzogen, »wir haben es durchgepeitscht, weil wir wussten, dass es für ihn und seinen Wahlkampf wichtig war und dass uns da kein Fehler passieren durfte.« Gerne erzählt sie noch davon, wie sie den späteren Präsidenten auf Lesungen im ganzen Land begleitet und betreut hat, und wie Obama sogar ihre Mutter, die politisch eher zu den Republikanern tendiert, begeisterte. Mit bekannten Persönlichkeiten beider politischer Parteien verhandelte Jenny Buchverträge, auch mit Ex-Präsident George W. Bush und seiner Außenministerin Condoleezza Rice.

Jim war Lektor bei Warner Books. Als drei kleine Kinder da waren, stieg Jim aus dem Karrierejob aus, machte sich selbständig und kümmerte sich in erster Linie um die Kinder. Jenny, die Großverdienerin, und Jim, der Hausmann, das ist eine Rollenverteilung, wie sie in gebildeten Schichten in den USA heute nicht so selten ist.

Das Apartment an der Amsterdam Avenue in Manhattan wurde zu klein. Jenny und Jim zogen in die Suburbs, nach Rye Brook, eine typische Schlafstadt hart an der Grenze zu Connecticut. Ohne Verkehr sind es 45 Autominuten nach Manhattan. Nur: Ohne Verkehr, das gibt es in New York so gut wie nie. Jenny wurde zur Pendlerin, nahm täglich den Vorortezug von Rye Brook zur Grand Central

Station. 90 Minuten von Tür zu Tür in die Stadt, 90 Minuten zurück. Aus dem Haus ging sie vor sieben Uhr früh. Zu Hause war sie nie vor acht Uhr abends. »Das gemeinsame Abendessen mit Jim und den Kindern war aber ein Fixpunkt«, erzählt sie, genauso waren es die Wochenenden mit der Familie.

»Ja, es hat mir damals wehgetan, aus Manhattan wegzuziehen«, gibt Jenny zu. »Rye Brook war nicht der Ort, in dem wir wirklich leben wollten, aber es war ein Ort mit guten Schulen, und New York City war gut erreichbar.« »Wir hatten ein Haus mit fünf Schlafzimmern und Swimmingpool«, fügt Jim hinzu, »in New York hätten wir um dasselbe Geld eine Wohnung mit gerade einmal einem Schlafzimmer haben können.«

Als die Kinder zu studieren begannen, hielt die beiden nichts mehr in den Suburbs von New York. »Uns hat sich nur die Frage gestellt: Wohin ziehen wir?«, erzählt Jim. Doch wohnen in New York, egal ob in Manhattan oder in Brooklyn, war inzwischen extrem teuer geworden, die Hektik New Yorks war auch nicht mehr unbedingt das, was die Frosts wollten.

Airstreamer: Die Camper-Gemeinschaft

Einen neuen Lebensabschnitt zu beginnen, alles, was das bisherige Leben ausgemacht hatte, aufzugeben, das war für die Frosts kein Problem. In dieser Beziehung waren und sind sie typische Amerikaner: mobil und bereit für Neues. Amerikaner ziehen um, wenn der Job sie nicht mehr hält oder sie ein besseres Jobangebot haben, ziehen in der Pension ins warme Florida oder erfüllen sich einen anderen Traum. Wie ein Freund von mir, Anwalt in New York, gerne erzählt: Wenn er einmal seine Kanzlei aufgibt, wird er die Sommer in Maine und die Winter in Florida verbringen. Familie oder Freunde hat er weder in Maine noch in Florida. »Da mache ich mir keine Sorgen«, sagt er. Man sucht sich eben neue Freunde.

Der Entschluss, auszusteigen, reifte bei den Frosts langsam. Das Haus in der Vorstadt zu verkaufen, war immer schon der Plan. Den

Job aufzugeben und sich auf ein neues Abenteuer einzulassen, war aber ein großer Schritt, der überlegt sein wollte. Der Entschluss wurde dann aber doch sehr schnell gefasst. Die finanziellen Mittel hatten die beiden angespart und klug investiert, während sie in New York ihren High-Profile-Jobs nachgegangen waren. »Als ich meinen Bürokollegen eröffnet habe, dass ich aussteigen und fünf Monate durchs Land reisen werde, war ihre Reaktion: ›Wow, das ist auch mein Traum‹«, sagt Jenny.

Ganz ohne festen Wohnsitz – wie viele andere Nomaden der Straße – wollten die Frosts aber nicht sein. Sie kauften ein Haus in Northampton, einer kleinen Stadt in Massachusetts, wo Jenny die Uni besucht hatte: eine Universitätsstadt mit einem kulturellen Angebot, mit vielen Restaurants, eine Stadt, die urbane Atmosphäre draußen auf dem Land zu bieten hat. Nach New York sind es zweieinhalb Stunden. Ein Trip in »die City«, wie New Yorker ihre Stadt nennen, als gäbe es keine andere, ist da öfter drin.

Gleichzeitig kauften sie den Airstream – und wurden damit Teil einer großen Gemeinschaft: der RV-Community. Mehr noch, sie traten mit diesem Kauf dem inneren Kreis, der Gemeinschaft der Airstreamer, bei. »Es gibt Wohnwagen und es gibt Airstreams«, schwärmt Jim. »Es ist eine ganz besondere Gemeinschaft, totally«, sagt Jenny. »Wir sind irgendwo im Osten von Texas zum Lunch stehen geblieben, ein anderer Airstream hat sich neben uns eingeparkt. Wir haben sofort ein Gespräch begonnen, haben unsere Wohnwagen gegenseitig besichtigt. ›Wo kommt ihr her? Wo habt ihr euren gekauft?‹ Das ist ein guter Einstieg in eine Konversation und führt nicht selten dazu, dass man den Abend bei einem Bier oder einem Glas Wein gemeinsam verbringt«, sagt Jenny.

Airstream-Besitzer lieben das Besondere. Ihre Wohnwagen sind nicht selten gehegte und gepflegte Oldtimer. Jenny erinnert sich an den Besitzer eines Airstreams, der sich nach jahrelangem Durchqueren des Landes einen Traum erfüllt hat und einen Airstream-Campingplatz (ein Campingplatz nur für Airstreams, ja, auch das gibt es) in Pennsylvania gekauft hat. »Er hatte viele verschiedene Wohnwagen und hat beiläufig erzählt: ›Alle meine Gefährte waren

Airstreams, ich habe nie einen S-O-B besessen.‹« »S-O-B?«, war Jennys Frage. »Some Other Brand«, hat er geantwortet. Das Zusammengehörigkeitsgefühl der Airstream-Community ist etwas ganz Spezielles. Und doch haben die Airstreamer sehr viel mit den S-O-B-Wohnwagenbesitzern gemeinsam. Der Sinn für das Abenteuer und die Romantik der Landstraße verbindet. Auch wenn die einen ihr perfektes kleines Bad inklusive Dusche, ihre perfekte Küche mit integriertem Backrohr und Weincooler haben und andere auf Duschen und Shops am Campingplatz angewiesen sind, man fühlt und denkt ähnlich.

Jenny und Jim gehören zu den RVlern, die unbeschwert durchs Land fahren. Mit ihrem Luxusmobil sind sie bis zu einer Woche Selbstversorger, völlig unabhängig von Strom-, Wasser- oder Kanalisationsanschlüssen und Sanitäreinrichtungen und können das machen, was man »Boondocking« nennt: campieren abseits eines organisierten Campingplatzes, mitten in der Natur, weit weg von der Zivilisation. In Bundesstaaten wie New Mexiko oder Arizona mit ihren beeindruckenden Canyons und Wüsten war das für die beiden ein ganz besonderes Erlebnis: wandern, die Naturschönheiten des Westens ohne Touristen erleben, ganz auf sich selbst gestellt sein. Campieren auf öffentlichem Land ist in den meisten Bundesstaaten erlaubt.

Die andere Seite: Die Nomaden der Arbeit

Eine Reise im Campingwagen ist auch Anschauungsunterricht in Soziologie. Hier treffen Camper wie Jenny und Jim auf Camper, die nicht aus Vergnügen durchs Land ziehen, sondern weil es für sie ein Muss ist. Meist kommen sie aus unteren sozialen Schichten und es gibt wenige Berührungspunkte, meist machen die zwei Gruppen von Campern auch auf unterschiedlichen Campingplätzen Station. Aber: »Nie würde man sich überlegen fühlen oder anderen Campern zeigen, dass man etwas Besseres ist«, betont Jim. »Wir laufen nicht hochnäsig herum. Sie werden Nettes über unseren Airstream sagen, wir sagen Nettes über ihren Camper – und wenn uns sonst gar nichts einfällt, dann reden wir halt darüber, welches Holz sie für den Grill verwenden. Es ist alles sehr egalitär. Wir sind einfach Freunde der Landstraße.«

Viele Amerikaner sind zu Nomaden geworden, weil sie sich eine Wohnung nicht leisten können. Ihre Zahl ist seit der Wirtschaftskrise 2008 nach oben geschnellt. Viele verloren damals ihren Job und ihre Ersparnisse, konnten die Kreditraten für ihre Häuser nicht mehr bezahlen und verloren damit auch ihre feste Unterkunft. Sie ziehen durchs Land, weil sie keine Wahl haben. Sie sind Existenzen am Rande der Gesellschaft, wie sie Jessica Bruder in ihrem Buch »Nomaden der Arbeit« so treffend beschrieben hat. Sie übernachten auf Wohnmobil-Parkplätzen oder auf den Parkplätzen großer Supermarktketten: »Walmart«, erklärt Jim, »ist bekannt dafür, dass es Wohnwagenbesitzern erlaubt, auf den Parkplätzen vor den Supermärkten zu campen.«

Und sie leben von saisonaler Arbeit: Sie helfen bei der Ernte oder suchen sich Tagelöhner-Jobs am Arbeitsstrich, den es in jeder Großstadt gibt. Sie verdienen gerade genug, um nicht ein Leben als Unterstandslose fristen zu müssen, aber sie verdienen nicht genug, um sich eine feste Unterkunft leisten zu können.

Begehrt sind saisonale Jobs in den großen Amazon-Verteilungszentren, die meisten dieser Zentren liegen in Kentucky und Tennessee. Amazon hat sogar ein eigenes Programm, genannt CamperForce, dafür entwickelt: »Work hard. Have fun. Make history«, mit diesem Slogan wirbt der Konzern um die Nomaden der Arbeit. Amazon zahlt ein Minimum von 15 Dollar pro Stunde, in den meisten Bundesstaaten liegt das weit über dem Mindestlohn, und Amazon wirbt damit, bis zu 550 Dollar Zuschuss pro Monat für die Stellmiete am Campingplatz zu zahlen. »The Amazon CamperForce program brings together a community of enthusiastic RV'ers«, heißt es stolz in Amazon-Werbeslogans. Enthusiastisch oder nicht, die Arbeit ist hart, oft steht man während Zwölf-Stunden-Schichten auf den Beinen, aber die Bezahlung ist gut. In den drei bis vier Monaten vor Weihnachten ist Hochsaison. Nach Weihnachten fahren die angeheuerten Arbeiter in ihren RVs weiter: Rücklicht-parade nennt sich das.

Amazon ist nur eines der Unternehmen, die dieses fahrende Volk beschäftigen. Die RVler arbeiten in Nationalparks, bei Rodeos, bei Sportveranstaltungen wie der Superbowl. »Workamper News« nennt sich ein eigenes Internetforum, das sich an alle richtet, die »den wunderbaren Lebensstil der Teilzeit- oder Vollzeitarbeit mit RV-Camping verbinden«. Es ist so etwas wie eine Jobbörse für Arbeitssuchende und Arbeitgeber.

So sorglos, wie es die Prospekte insinuieren, ist das Leben in den RVs freilich nicht. Ganz besonders an der Westküste wächst die Zahl derer, die in Wohnwagen leben, weil andere Optionen unerschwinglich sind. Die Mietpreise sind astronomisch. Ein paar kleine Beispiele dazu: Eine 100 Quadratmeter große Wohnung mit zwei Schlafzimmern nahe der UCLA, der University of California in Los Angeles im Stadtteil Westwood – zugegeben eines der be-gehrtesten Viertel der Stadt –, teilen sich fünf Studenten, jeder zahlt mehr als 1000 Dollar Miete pro Monat. Gesamtmiete: 5300 Dollar. Die University of Southern California (USC), ebenfalls eine Elite-universität mitten in Los Angeles, hat vor Kurzem ein Studenten-heim für obdachlose Studierende eröffnet. In Los Angeles nennen nach letzten Zählungen fast 17 000 Menschen ihren Wohnwagen ihr Zuhause. In San Francisco hat sich die Zahl derer, die im Auto oder RV leben, in den letzten zwei Jahren verdoppelt.

Die Zwangs-Camper, die ihre Vehikel stationär parken, weil sie sonst wie andere Obdachlose in Zelten leben würden, haben ver-mutlich wenig Freude damit, weiterzuziehen, wenn der Widerstand in der lokalen Bevölkerung gegen sie zu groß wird und sie ihren Parkplatz räumen müssen. Doch für die große Mehrheit derer, die in RVs durchs Land ziehen, hat das Nomadendasein einen eigenen Reiz. Sie mögen das Leben auf dem Highway. Das haben die Noma-den der Arbeit mit wohlsituierten Teilzeitnomaden wie Jenny und Jim gemeinsam.

Die Politik, die dieses Land entzweit, tritt da in den Hintergrund. Unterwegs im Land trifft man gezwungenermaßen täglich neue Leute, Trumper und Anti-Trumper. Auch die RV-Gemeinschaft ist gespalten, Konflikten gehen die meisten aber aus dem Weg. Was unterwegs zählt, sind die persönlichen Erfahrungen, die eigenen Geschichten, da gibt es genug Anknüpfungspunkte. Jim:»Wir reden nicht über Politik, wir reden über Camping, welche Route man denn jetzt wählen soll, wohin es weitergeht. Wir verstehen uns als Gleichgesinnte, als Freunde. Und wir sagen auch manchmal lieber nichts, wenn wir sehen, dass unsere Camper-Nachbarn Trump-Anhänger sind, die mit»Make America Great Again«-Kappen herumlaufen. Wenn sie einen Pro-Trump-Kommentar abgeben, um zu sehen, wie wir reagieren oder ob wir reagieren, reagieren wir nicht.«

Die Frosts finden ihren Präsidenten eine Zumutung. Sie sind typische Ostküsten-Liberale. Sie können zwar den klassischen Republikanern, den Fiscal Conservatives, die für weniger Staat und mehr freie Marktwirtschaft eintreten, einiges abgewinnen. Doch Trump ist für sie ein ungebildeter Egomane, der dem Land und dem Image der Amerikaner international enorm schadet. Jenny hat als Studentin ein Jahr in Wien gelebt, hat Europa bereist und sorgt sich um das Image, das die USA unter Trump haben. Den kommenden Wahlen sehen beide mit einigem Unbehagen entgegen. Die letzten Jahre haben vielen Pro-Trumpern, die anfangs noch zurückhaltend waren, Auftrieb und Selbstvertrauen gegeben, beobachtet Jenny, fügt aber hinzu, dass das ihre ganz persönliche Meinung sei, anekdotisch und nicht mit wissenschaftlichen Fakten belegt. »Als wir im Jänner 2017, als Trump gerade seinen Job angetreten hatte, zu unserer ersten großen Reise aufbrachen, ging es in den tiefen Süden. Das ist Trump-Land. Damals haben wir kaum einen Trump-Autoaufkleber auf dem Campingplatz gesehen. Als wir 2019, zwei Jahre später und nach zwei Jahren Trump-Regierung, wieder unterwegs waren, haben wir viele Trump-Autoaufkleber gesehen. Es fühlt sich an, als hätte sich dieses Land in den zwei Jahren noch weiter gespalten und polarisiert. Vor zwei Jahren war meine Reaktion, wenn wir offensichtliche Trump-Anhänger trafen: Oh, okay, sie wissen's nicht besser. Jetzt denke ich mir oft: Ich will mit ihnen gar nicht reden, sie sind Trumpers.«

Die Corona-Krise und Trumps (nach Meinung der Frosts) inkompetentes Krisenmanagement verleitet Jenny zu für ihre Begriffe fast radikalen Statements: »Hätte die Pandemie auch ohne Trump Leben gekostet und unsere Gesellschaft und unsere Wirtschaft durcheinandergebracht? Ja! Hätten wir weniger Tote und weniger Turbulenzen gehabt, wenn der Fokus des Krisenmanagements darauf ausgelegt gewesen wäre, Leben zu retten, statt die Börsen zu stützen und Trump die Wiederwahl zu sichern? Kein Zweifel. Donald Trump wird als der schlechteste Präsident aller Zeiten und als Massenmörder ebenbürtig mit einem Slobodan Milošević in die Geschichte eingehen. Wir haben uns für unseren Präsidenten in den letzten drei Jahren geschämt, waren peinlich berührt – das ist jetzt in offenen Hass und moralische Entrüstung umgeschlagen.«

Keine Frage, die Frosts werden am 3. November demokratisch wählen.

»Joe Biden ist nicht unsere erste Wahl. Ich war eigentlich für Elizabeth Warren, wobei mir schon klar war, dass sie weit links steht für Amerika. Diesmal geht es nur um eines: DONALD TRUMP ZU SCHLAGEN.« Jenny schickt mir diese Zeilen per E-Mail, die Großbuchstaben hat sie gewählt. »Ich wage es gar nicht, an den 3. November zu denken. Das Warten auf die Entscheidung wird nervenaufreibend. Joe Biden wird die Sache gut machen. Er ist ehrlich, aufrecht, glaubt an Werte. Er hat Ausrutscher, aber er wird aufbauen, was Trump zerstört hat. Er wird die Beziehungen zu unseren Verbündeten kitten. Er wird für Amerikaner egal welcher Hautfarbe da sein, für Frauen, für LGBTQ, und nicht nur für weiße Männer. Und«, fügt Jenny mit einiger Ironie hinzu, »er wird in ganzen Sätzen sprechen.« Ganze Sätze, das ist etwas, das Donald Trump nur schafft, wenn er vom Blatt liest – und das tut er selten.

Der Revolutions-Führer Tour-Guide Michael Pellagatti will die rebellische Geschichte New Yorks vermitteln. Er hofft auf eine Revolution, um die US-Finanzeliten zu stürzen.

Der Konservative Der Kleinunternehmer und Familienmensch
John Trandem sieht in Donald Trump den Verteidiger konservativer
und christlicher Werte.

Die Abtrünnigen Tess Clarke gehört zur wachsenden Gruppe christlich-evangelikaler Wähler, die Präsident Trump den Rücken kehren. Der Kampf um ihre Stimmen ist voll entbrannt.

Der Realist Doug Robinson weiß, was es heißt, mit subtilem Rassismus zu leben. Er ist optimistisch, dass die Proteste 2020 mehr Wirkung zeigen als vergangene.

Die Kalifornierin Die Wirtschaftsprofessorin Nance Rosen identifiziert sich mit den liberalen Werten dieses Bundesstaates, sie wählt »ABT« – Anybody But Trump.

Die Dreamer Karen ist wie Hunderttausende andere als Kind aus Mexiko gekommen, sieht die USA als ihre Heimat, hat hier aber keinen legalen Status.

Der Außerirdische Ufologe George Harris glaubt wie viele Amerikaner
an die Existenz von Außerirdischen. Er wirft dem US-Militär eine
jahrzehntelange Vertuschungskampagne vor.

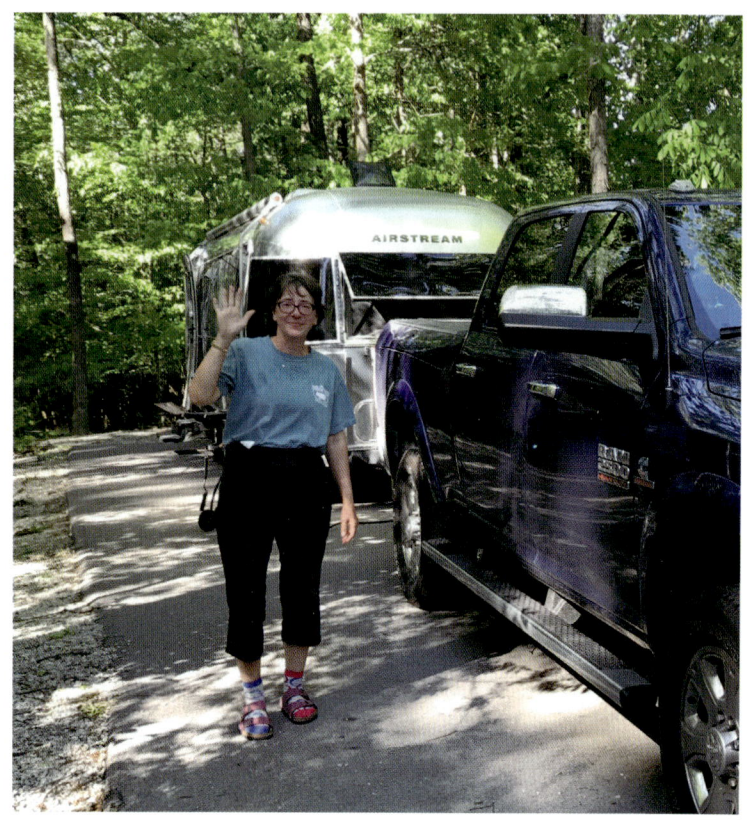

Die Camper Jenny Frost hat ihre Karriere in New York mit dem modernen Nomadenleben getauscht. Mit Ehemann Jim und Hund Dakota reist sie im Airstream durch das Land.

Die Süchtigen Entzugs-Coach Philip Spagnuolo unterstützt Menschen, die der Opioidkrise zum Opfer gefallen sind. Dabei hilft ihm seine eigene Drogen-Vergangenheit.

Die Business-Kids »Limonade-König« Ronque Brown junior zeigt, wie früh manche US-Kinder in die Geschäftswelt einsteigen und welche Chancen und Probleme damit verbunden sind.

Die Karrierefrau Francie Heller hat mit über 70 ohne zu zögern eine neue Karriere gestartet, in Pension zu gehen ist nicht in ihrer DNA.

Die Aussteigerin Die Puerto-Ricanerin Noemi Chaparro baut ein »Earthship«, ein autarkes Öko-Haus, um ihre Gemeinde vor Naturkatastrophen und dem Klimawandel zu schützen.

Die Farmerin Joan Norman und Ehemann Drew setzen auf Bio und direkte Kontakte zu den Konsumenten und haben so die Corona-Krise bestens durchtaucht.

Der Extremist Für den Lobbyisten Philip Van Cleave ist Privatwaffenbesitz heilig. Strengere Gesetze bekämpft er mit Druck von der Straße, unterstützt von bewaffneten Milizen.

Die Nanny Katrina Keuser ist nach Washington gekommen, um
auf Kinder aufzupassen und ihre Studienschulden abzuarbeiten.
Sie darf im November 2020 erstmals wählen.

Der Insider John Gizzi ist einer der erfahrensten White-House-Journalisten mit einem beeindruckenden Netzwerk von Kontakten in der Hauptstadt Washington.

Die Trumpette Toni Holt Kramer setzt sich mit gleichgesinnten Society-Ladies für Trump ein. Sie plant bereits eine Gala zu Trumps Wiederwahl.

Die Parteisoldatin Die demokratische Funktionärin Laura Hubka wirbt in Iowa um Trump-Wähler. Politisch ist sie zwischen Idealismus und Pragmatismus hin- und hergerissen.

»Vier weitere Jahre Trump, unmöglich. Was sollen wir dann tun?«, ist Jennys rhetorische Frage. »Nach Neuseeland auswandern? Dort nehmen sie uns nicht.«

Ich schlage Österreich vor.

Die Corona-Krise hat die Frosts aber nicht nur in ihrer politischen Haltung bestärkt, sie hat auch Auswirkungen auf die geplanten Roadtrips. Für dieses Jahr sind sie gestrichen. Anfang nächsten Jahres wollten sie für mehrere Monate in den Süden reisen. »Wir wissen aber nicht, ob das möglich sein wird und ob die Situation bis dahin so sein wird, dass wir uns auch wohlfühlen können.«

Eines wissen die Frosts: »Wir haben Sehnsucht nach dem Leben auf den Highways. We long to get back to the road.«

Die Süchtigen

Wie die Opioidkrise ländliche Gemeinden vergiftet

Virginia/West Virginia/New Hampshire ☆ David Kriegleder

Das Frühstückslokal am Stadtrand von Norton ist gut besucht. Der süßliche Geruch von Speck und Pfannkuchen liegt in der Luft. »There you go, honey«, sagt die Kellnerin in charmantem Südstaaten-Sprech, während sie mir die dünne Kaffeebrühe nachschenkt. Vor dem Eingang des Restaurants sind mehrere Pickup-Trucks geparkt, an ihren Seitenspiegeln sind US-Fahnen angebracht. Es ist ein typischer Sonntagvormittag in einer typischen amerikanischen Kleinstadt, und doch ist es etwas sonderbar hier in diesem Breakfast Diner: Fast alle anwesenden Kinder sind mit älteren Aufsichtspersonen gekommen, vermutlich Großeltern. Von den Müttern und Vätern fehlt jede Spur.

»Wenn Eltern beginnen, harte Drogen zu nehmen, dann bestimmt das ihr ganzes Leben und sie können sich nicht mehr um ihre Kinder kümmern«, erzählt die Sozialarbeiterin Sara Ring. »Hier in Norton starben in den letzten 15 Jahren sehr viele Menschen an Überdosen, einige sind in Suchttherapie, andere sitzen im Gefängnis – mittlerweile hat jeder zweite Anruf, den wir bekommen, jeder zweite Einsatz, für den wir ausrücken, mit Drogenmissbrauch zu tun.«

Es ist eine Suchtmittel-Epidemie, die das Land seit den späten 1990ern im Griff hat und das vergessene Amerika in den Fokus rückt. Das weiße Amerika der wirtschaftlichen Verlierer, das Amerika, das als einziges westliches Industrieland in den vergangenen Jahren einen Rückgang der Lebenserwartung verzeichnet hat.

Die Drogenepidemie

Von der »Opioidkrise« besonders betroffen sind ländliche Regionen und Kleinstädte in der Appalachen-Region. Städte wie Norton, das mit 4000 Einwohnern in der abgelegenen Grenzregion zwischen den Bundesstaaten Virginia, Kentucky und Tennessee liegt. Es ist ehemaliges Kohlegebiet und damit zugleich auch tristes Spiegelbild des Niedergangs der amerikanischen Schwerindustrie.

Bei meinem Besuch im Herbst 2019 springt sofort ins Auge, wie ausgestorben Norton ist. Die Hauptstraße, die durch das Städtchen führt, ist praktisch leer. Lediglich ein einzelner, übergewichtiger Mann torkelt mit nacktem Oberkörper über den Gehsteig. Er hat mehrere Zahnlücken und ist offensichtlich berauscht. Die Folgen der Opioidkrise haben sichtbare Narben im Stadtbild hinterlassen. Geschlossene und verbarrikadierte Kleinläden, verwilderte Vorgärten, eingestürzte und baufällige Einfamilienhäuser. Auf einem Felsen über der Stadt weht einsam eine amerikanische Fahne. Sie wirkt genauso verwittert wie die ganze Gemeinde.

Der Weg in die Sucht begann für viele Menschen hier über rezeptpflichtige Schmerzmittel, oftmals nach Arbeitsunfällen verschrieben. Und nirgendwo sonst in den USA wurden so viele Tabletten pro Kopf ausgegeben wie in Norton. Sieben Millionen Tabletten waren es allein zwischen 2006 und 2012 – umgerechnet 306 Stück pro Bewohner und Jahr. Eine schwindelerregende Zahl, die wir einer Investigativ-Recherche der »Washington Post« verdanken. Die Tageszeitung hat in einem jahrelangen Rechtsstreit die Herausgabe einer unter Verschluss gehaltenen behördlichen Datenbank erzwungen, die den Vertriebsweg jeder einzelnen Schmerztablette nachzeichnet.

»Die Kleinstadt Norton bot den perfekten Nährboden für die Drogenepidemie«, sagt Staatsanwalt Charles Slemp, der in dem

Bezirk für die Strafverfolgung von Drogendelikten zuständig ist. »Viele Arztpraxen, die unter dem Bevölkerungsschwund und der Landflucht leiden. Wirtschaftlich angeschlagene Bewohner, die mit staatlichen Unterstützungsprogrammen Zugang zu Schmerztabletten bekommen – das hat Tür und Tor für Betrug und Missbrauch geöffnet. Es ist traurig, wie diese Pillen, die eigentlich Menschen helfen sollten, nicht nur einzelne Patienten, sondern auch ganze Gemeinden vergiftet haben.«

Ihren Anfang nahm die Krise im Jahr 1996, als der Arzneimittelriese Purdue das Schmerzmittel OxyContin auf den Markt brachte. Der Konzern gehört zum Firmenimperium der Sacklers, einer der reichsten und einflussreichsten Familien im Land. OxyContin wurde als harmlos beworben – der Traum vom schmerzfreien Leben für jedermann wurde aggressiv vermarktet. Im Jahr 2000 hatte sich der Jahresumsatz aus dem Verkauf der Pillen schon auf 1,1 Milliarden US-Dollar verzwanzigfacht. 2004 war OxyContin bereits eine der am häufigsten verwendeten Drogen bei Überdosis-Todesfällen. Die Kleinstadt Norton wurde damals immer mehr zum Epizentrum der Schmerzmittelepidemie, zum Schwarzmarkt-Umschlagplatz für »Pillen-Touristen«, die aus dem ganzen Land hierherkamen, um sich mit den »Painkillers« einzudecken. Interne E-Mails zeigen, dass die große Pharmakonzerne weiter riesige Mengen nach Norton schickten, als längst klar war, dass hier im großen Stil Missbrauch stattfand und die Zahl der Süchtigen zunahm.

Jason Boys ist einer der Betroffenen. Er versucht seit zwölf Jahren, der Schmerzmittelsucht zu entkommen. »Wir wurden süchtig nach ihren Tabletten, und die Konzerne waren süchtig nach unserem Geld«, sagt der 40-jährige Mann aus Norton. »Die Konzerne wussten, dass ihre Tabletten Menschen töten, das ist die Definition von Mord.« Jason ist Vater von vier Kindern, er arbeitet beim lokalen McDonald's Imbiss. Seine Drogensucht hat bereits in der Highschool begonnen. »Die Pillen waren einfach überall verfügbar. So viele Bewohner der Region sind gestorben, bevor irgendwer etwas getan hat. Ich frage mich, wie die Verantwortlichen in der Nacht schlafen können, mit dem Wissen, dass ihre Tabletten so viele Leben hier zerstört haben.«

Ein schmutziges Geschäft

Doch die Recherchen der »Washington Post« zeichnen ein komplexeres Bild. Interne E-Mails zeigen, dass nicht nur die Pharmariesen die Augen vor den Entwicklungen und der Gefährlichkeit ihrer Mittel lange verschlossen haben. Tatsächlich hat sich die gesamte Vertriebskette mitschuldig gemacht. Auch lokale Ärzte, die aufgrund finanzieller Zuwendungen durch die Pharmakonzerne absichtlich oder gedankenlos Rezepte im großen Stil verschrieben haben. Ebenso die lokalen Apotheken, die am Verkauf mitverdient haben und deswegen die explodierenden Pillen-Ausgabezahlen nicht meldeten. Und schließlich die Drogenaufsichtsbehörde DEA, die die steigende Zahl der Drogentoten in der Region lange ignorierte und ihre Ressourcen stattdessen für den politisch gewinnbringenderen Anti-Drogen-Krieg entlang der mexikanischen Grenze bündelte.

In den USA starben seit Ende der 1990er Jahre über 200 000 Menschen durch Missbrauch und Überdosierung von verschreibungspflichtigen Schmerzmitteln. Als die verheerende Suchtwirkung der als harmlos vermarkteten Produkte immer deutlicher wurde, stellten zahlreiche Pharmakonzerne die chemische Zusammensetzung ihrer Pillen um. Damit sollte das »High-Gefühl« der Tabletten eingedämmt und der Missbrauch derselben reduziert werden. Doch für viele Suchtkranke war es bereits zu spät – sie stellten ihren Konsum auf illegale Straßendrogen wie Heroin, Crystal Meth und das besonders gefährliche synthetische Opioid Fentanyl um. Letzteres wurde lange in großen Mengen aus China in die USA verschifft. Präsident Trump erhöhte den Druck auf Peking und verschärfte die Einfuhrbestimmungen, um das Problem zu einzudämmen. Doch die Nachfrage blieb groß, mittlerweile haben sich mexikanische Drogenkartelle den lukrativen Markt unter den Nagel gerissen.

Doch die Opioidepidemie ist bei Weitem nicht auf die ökonomisch schwache Appalachen-Region oder die traditionellen Zentren der amerikanischen Schwerindustrie beschränkt. Auch im an sich wirtschaftlich robusten Bundesstaat New Hampshire im Nordosten des Landes kämpfen etliche Gemeinden mit der Krise. Der Entzugs-Coach Philip Spagnuolo kennt das teuflische Zusammenspiel zwischen verschreibungspflichtigen Schmerzmitteln und illegalen Straßendrogen nur allzu gut. Wir treffen den 52-Jährigen im Februar 2020 in der Kleinstadt Laconia. Phil betreibt hier zwei »Sober Houses« – Sozialeinrichtungen, in denen Abhängige beim schwierigen Entzug betreut und durch gemeinschaftliches Zusammenleben resozialisiert werden sollen.

»New Hampshire liegt im nationalen Spitzenfeld bei der Zahl der Opioid-Toten, aber wir sind ganz unten auf der Liste, was die Zahl der Betreuungseinrichtungen angeht«, erzählt Phil, während er mit drei jungen Männern, Entzugspatienten, Frühstück anrichtet. »Das Drogenproblem ist tief in unserer Gesellschaft verwurzelt, da spielen soziale und wirtschaftliche Faktoren eine riesige Rolle. Hier in Laconia gib es kaum Aussicht auf verlässliche Jobs, das treibt viele Menschen in die Sucht, vor allem, wenn sie aus anderen Gründen schon unter posttraumatischem Stress leiden.«

Wer sich in New Hampshire freiwillig in eine Drogenentzugsklinik einweisen wolle, müsse im Regelfall fünf bis sechs Wochen auf einen Platz warten – »das ist viel zu lange, bis dahin verlässt die meisten Betroffenen wieder der Mut oder die Kraft, oder sie landen in der Zwischenzeit im Gefängnis«, klagt Phil.

»In einem Land wie den USA, wo beruflicher und privater Erfolg so viel zählen, ist das Stigma der Niederlage, des Kontrollverlusts und der Sucht besonders groß – das erschwert die Rehabilitation«, erzählt der Entzugs-Coach.

Phil weiß, wovon er spricht, er hat selbst eine lange und destruktive Drogenlaufbahn hinter sich. Der Sohn italienischer Einwanderer ist in seinen Jugendjahren in die Alkoholsucht abgerutscht. Danach kamen Kokain und andere Partydrogen hinzu. »Ich habe wild gelebt und langsam, aber sicher, die Kontrolle verloren, habe oft den Job gewechselt.« Mit Ende 30 folgt dann der Totalabsturz. Phil arbeitet damals als Kellner, eines Abends stößt er beim Betreten seines Arbeitsplatzes auf die Leiche seines ermordeten Chefs. Ein traumatisches Erlebnis, dass ihn endgültig aus der Bahn geworfen hat, erzählt Phil. Er beginnt, verschreibungspflichtige Schmerzmittel zu nehmen, um sich zu betäuben, er wird süchtig und steht nach mehreren Verhaftungen wegen illegalen Drogenbesitzes schließlich vor einem Untersuchungsrichter. »Ich hatte Glück, der Richter hat mir eine letzte Chance gegeben, ich hatte einen guten Bewährungshelfer und habe es geschafft, da wieder rauszukommen.«

Seither will er ein Vorbild für andere Suchtkranke sein und ihnen beim schwierigen Weg aus der Krise helfen. Philip Spagnuolo hat sich neu erfunden, er tritt dieser Tage oft als Gastredner bei medizinischen Kongressen zum Thema Opioidkrise auf. Anfang 2018 geht er sogar kurzzeitig in die Politik, wo er seinen Bezirk ein Jahr lang als Abgeordneter im Parlament New Hampshires vertritt.

»Wir brauchen einen radikalen Wandel unserer Gesundheitspolitik«, sagt Phil. Unser privates System ist nur auf Profit ausgelegt, Millionen Menschen sind nicht versichert, wir müssen endlich eine einheitliche, staatliche Krankenversicherung durchsetzen.« Das sei auch die Voraussetzung dafür, der Suchtmittelkrise Herr zu werden.

Pharmakonzerne vor Gericht

Phils Heimatstadt Laconia hat sich ebenso wie Virginias Opioid-Hochburg Norton einer landesweiten Sammelklage gegen mehrere Arzneimittelriesen angeschlossen. 2000 Gemeinden aus 45 Bundesstaaten fordern Schadenersatz für die irreführende Vermarktung der Schmerzmittel, darunter OxyContin.

Im Sommer 2019 stellt der Pharmakonzern Purdue den Klägern Vergleichszahlungen in der Höhe von zehn Milliarden US-Dollar in Aussicht – eine historische Summe und ein Wendepunkt in der Opioidkrise. Das Geld soll teilweise in Sozialprojekte fließen, um die Auswirkungen der Schmerzmittelepidemie zu bekämpfen. Infolge der Klagen meldet Purdue jedoch Konkurs an. Wie viel Geld schlussendlich wirklich an die Opfer und betroffenen Gemeinden ausgezahlt wird und ob auch weitere Pharmakonzerne letztlich zur Verantwortung gezogen und damit zur Kasse gebeten werden, ist zu Redaktionsschluss dieses Buches noch offen.

Ein von Gier getriebenes Gesundheitssystem

Seit 2017 geht die Zahl der jährlichen Opioid-Toten in den USA jedenfalls leicht zurück. Doch die Folgen der Corona-Krise drohen diese Entwicklung umzukehren, auch in der Appalachen-Region, die wir im Mai 2020 ein weiteres Mal bereisen. Diesmal recherchieren wir in der Kleinstadt Williamson in West Virginia, ebenfalls ein Hotspot der Opioidkrise, rund eineinhalb Stunden von Norton entfernt. 83 Prozent der Bewohner Williamsons haben 2016 Donald Trump gewählt. Massenarbeitslosigkeit, Zukunftsängste und die Kürzung von Sozialausgaben – all das könnte zu neuem Elend führen und »damit zu einem Wiederanstieg des landesweiten Drogenmissbrauchs«, befürchtet Krankenschwester Loretta Simon. Die 46-Jährige hat gerade selber ihren Job verloren, das Spital der Kleinstadt musste zusperren. Das Ausbleiben von regulären Patienten während der Pandemie hat die schon seit Längerem chronisch unterfinanzierte Gesundheitseinrichtung endgültig in den Konkurs geschickt. »Das hat mir das Herz gebrochen, dieses Spital hat seit hundert Jahren die Menschen hier betreut«, erzählt Loretta, während sie mit uns eine emotionale Tour durch die leergeräumten und ausgestorbenen Gänge des Spitals macht.

Das vom US-Kongress verabschiedete Corona-Hilfspaket für Spitäler in der Höhe von 175 Milliarden Dollar kam für das »Williamson Memorial Hospital« zu spät – auch weil sich die großen und ohnehin finanziell stabilen Spitalsketten in den Küstenregionen diese Gelder vorrangig sicherten (um danach erst recht medizinisches Personal abzubauen, während ihre Manager und Aufsichtsräte weiter Millionengehälter beziehen, wie die »New York Times« berichtet).

»Ländliche Regionen werden oft ignoriert und zugunsten der Großstädte vernachlässigt, das ist der Hauptgrund für die Spaltung unserer Gesellschaft«, klagt der Bürgermeister von Williamson, Charles Hatfield, im Interview. Im ganzen Land gebe es Hunderte Kleinspitäler, denen ebenfalls die Schließung drohe. Hatfield erzählt, wie er vergeblich versucht hat, das Spital zu übernehmen und mithilfe von Investoren zu retten. Das Krankenhaus sei der wirtschaftliche Motor von Williamson gewesen, über hundert Arbeitsplätze sind verloren gegangen – für sein Stadtbudget eine Katastrophe. Gerade erst habe man es geschafft, das ramponierte Opioid-Image der Stadt aufzupolieren, sagt der Bürgermeister. Nun drohe ein Rückfall.

Was ist der Grund für das landesweite Spitalssterben, wo liegt das Problem des amerikanischen Gesundheitssystems?, frage ich den republikanischen Bürgermeister: »Ausufernde Bürokratie und Überregulierung«, antwortet dieser vage.

Ich befrage auch Krankenschwester Loretta zu dem Thema. Was sie denn von »medicare for all« halte? Also von einer einheitlichen und staatlich gelenkten Krankenversicherung für alle, wie sie Entzugs-Coach Phil und der linke Flügel der Demokraten fordern, ein Versicherungsmodell, dem auch zahlreiche unabhängige Forschungsinstitute mehr Kosteneffizienz und Patientenvorteile attestieren.

»Sie meinen ›socialized medicine‹?«, verstaatlichte Medizin?, fragt Loretta zurück. »Nein, das ist Sozialismus und sicher nichts für uns Amerikaner, wir haben gerne die Wahl – und soweit ich weiß, führt diese Art von Gesundheitssystem in Europa zu monatelangen Wartezeiten für Patienten.«

Ja, auch sie verstehe nicht, wieso US-Patienten für Insulin um ein Vielfaches mehr bezahlen müssen als Menschen in Kanada oder in der EU. Auch sie wünsche sich Reformen und eine bessere

Betreuung für Drogenkranke. Aber eine einheitliche Krankenversicherung sei sicher nicht die Lösung.

Es ist zum Haareraufen, wie diese nette und beherzte Krankenschwester der Propaganda der Versicherungsindustrie und ihrer republikanischen Handlanger auf den Leim geht, muss ich resignierend feststellen.

Die Opioidkrise und das von Gier getriebene Gesundheitssystem seien die offensichtlichsten Symptome dafür, wie verrottet und sozial ausgehöhlt die USA mittlerweile seien, bilanziert Journalistin Krystal Ball von »The Hill«. »Der amerikanischen Mittelklasse und den amerikanischen Kleinstädten wurde der Teppich unter den Füßen weggezogen – durch Automatisierung am Arbeitsplatz, durch Freihandelsabkommen, die nur Großkonzernen halfen.« All das habe zu einer Situation geführt, in der so viele US-Bürger den Schmerz und das Elend der Drogensucht dem Schmerz ihres alltäglichen Lebens vorziehen.

Die Business-Kids

Wie Amerikas Nachwuchs zum Unternehmertum erzogen wird

Virginia/Kalifornien/New York ☆ David Kriegleder

»Drei Kekse zum Preis von zwei, lassen Sie sich das nicht entgehen!«

»Handgefertigtes Holzspielzeug, zugreifen!«

»Drehen Sie das Glücksrad, jeder gewinnt!«

»Limonade, frische Limonade!«

Das Stimmengewirr erinnert an einen orientalischen Bazar – ebenso die dicht aneinandergereihten Verkaufsstände. Knackige Sprüche werben um die Aufmerksamkeit der Besucher. Die Konkurrenz ist groß, doch die Verkäufer sind klein – wir befinden uns auf der alljährlichen »Acton«-Kinder-Unternehmer-Messe in Washington, DC, der größten des Landes. Über 120 Kinder im Alter von vier bis zwölf Jahren präsentieren hier ihre Produkte und Geschäftsideen. Das Motto: machen, verkaufen, träumen. Selbst die Jüngsten wissen schon, worauf es ankommt.

»Kundenzufriedenheit ist uns das Allerwichtigste«, sagt ein kleiner blonder Bursche in die Kamera – er verkauft selbst gezüchtete Kakteen, die ihm seine Tante aus Arizona geschickt hat.

»Ich betätige mich gern künstlerisch, und wenn sich damit Geld verdienen lässt, umso besser!«, erzählt die elfjährige Samantha, die selbst gemachte Ohrringe und Ketten anbietet. Auch ihr Standnachbar, der zehnjährige Greg, hat die marktwirtschaftliche Logik schon durchschaut: »Ich will heute genug verdienen, damit ich meinen Eltern das ausgeborgte Geld zurückzahlen kann, und was dann noch übrig bleibt, investiere ich in die Erweiterung meiner Produktlinie.«

»Mir ist der Profit nicht so wichtig, es geht um die gute Sache«, meint hingegen die achtjährige Keira. Sie verkauft selbst gebastelte Sticker mit Pandabär-Motiven, ein Teil des Erlöses soll an Naturschutzorganisationen gespendet werden.

Die Messe ist ein Mikrokosmos der US-Wirtschaftswelt und der mit ihr verbundenen Business-Rhetorik. Der süße Traum vom schnellen Geld und Erfolg beflügelt die amerikanische Seele bereits in jungen Jahren. Arbeit, Fleiß, Erfolg – diese Werte werden der Nachwuchsgeneration schon in die Wiege gelegt. Denn sie bilden den Kern der protestantischen Wirtschaftsethik – ein Grundpfeiler der amerikanischen Gesellschaft. »Generation Z will keine Jobs haben, sondern Jobs schaffen!«, kommentiert das Wirtschaftsmagazin business.org die Zunahme der US-Firmengründungen durch Kinder und Jugendliche in den vergangenen Jahren. Diese Generation sei mit den Folgen der Wirtschaftskrise aufgewachsen und wolle sich nicht mehr auf Anstellungen bei großen Firmen verlassen, heißt es weiter.

Es ist eine Generation, die mit Online-Selbstvermarktung und US-Reality-Shows wie »Shark Tank« aufgewachsen ist, in der jeden Abend junge und ältere Unternehmer vor einem Millionenpublikum und den Augen einer bissigen Jury um Finanzierung für ihre unternehmerischen Träume werben. Die dort vermittelte Botschaft ist klar und ist auch zu den Teilnehmern der Kinder-Messe in Washington durchgedrungen: Dabeisein ist alles, aber es muss auch Sieger geben.

Mehrere Juroren aus der Geschäftswelt begutachten die Verkaufsstände der Business-Kids: »Bitte erläutere uns deinen Businessplan …«, »Wie sieht dein Wachstumskonzept aus?« Einer der Juroren ist der Veranstalter der Messe, Jeff Sandefer.

»Nette Veranstaltung, aber ist es nicht vielleicht ein bisschen früh, wenn sich Kinder in diesem Alter bereits mit Verkaufszahlen und Marketingstrategien beschäftigen?«, frage ich ihn direkt. »Ach wo, Sie sehen doch, wie viel Spaß die Kleinen haben, Business ist pädagogisch wertvoll.«

Fat Daddy's Lemonade

Am Ende des Nachmittags verleihen die Juroren Preise an die besten Nachwuchstalente. Jener für das originellste Marketingkonzept geht an den neunjährigen Ronque Brown junior. Der junge Afroamerikaner steht vor einem professionell gestalteten Werbeaufsteller, der ihn mit einer Limonadeflasche abgebildet zeigt. »Fat Daddy's Lemonade«, steht darauf geschrieben, 16 selbst gebraute Limonadesorten werden angepriesen. Die Jury drückt dem Burschen eine Urkunde und das Preisgeld von 50 Dollar in die Hand. Er strahlt von einem Ohr bis zum anderen und hält den Geldschein stolz in die blitzenden Kameras.

Wir besuchen den achtjährigen Unternehmer in seinem Heimatort in Virginia, eine knappe Autostunde südlich von Washington. Es ist eine der zahlreichen suburbanen Regionen nahe der Hauptstadt, deren Bevölkerung in den vergangenen Jahren stark gewachsen ist – auch durch den Zuzug vieler afroamerikanischer Familien, die sich die horrenden Mieten in der Hauptstadt nicht mehr leisten können. Die Familie Brown empfängt uns vor ihrem einstöckigen Reihenhaus, ein gut gepflegter Rasen ziert die Einfahrt. Hier hat Ronques Karriere begonnen: Der Verkauf von Limonade vor der eigenen Haustür ist für viele junge Amerikaner der zum Klischee gewordene erste Kontakt mit dem Unternehmertum. Ronque hat dieses Kinder-Business auf die nächste Ebene gehoben.

»Ja, auch ich habe am Anfang einfach mal einen kleinen Limonade-Verkaufstisch vor unserem Haus aufgebaut und an Nachbarn verkauft«, erzählt Ronque. »Dann hat mir mein Football-Team erlaubt, einen Stand bei unseren Spielen aufzustellen. Und dann ging alles recht schnell. Ich habe immer mehr Limonadesorten kreiert und es kamen immer mehr Events hinzu.« Auch heute steht eine Großbestellung an, knapp 120 Flaschen für zwei Veranstaltungen müssen abgefüllt und geliefert werden. Ronque führt uns in die Küche des Hauses, wo schon alles vorbereitet ist. Er schneidet frische Früchte, wiegt Zucker ab – »Alles bio!« –, danach kommen die Zutaten in einen gigantischen Mixer, ehe der fertige Saft in Glasfläschchen mit seinem eigenen »Fat Daddy«-Logo-Sticker abgefüllt werden. Fünf Dollar bekommt Ronque pro Flasche. »Meinen Profit stecke ich zurück in die Firma, aber natürlich leiste ich mir auch hin und wieder etwas. Und dann spare ich noch Geld für mein Studium und für meinen großen Traum: eine Reise nach Hawaii«, erzählt der Achtjährige.

Bestellungen und Kundenkontakt wickelt Ronque über Soziale Medien ab – er habe dadurch viel an Selbständigkeit gelernt, sagen die stolzen Eltern. Ronques Mutter ist Krankenschwester: »Wir haben ihn ermutigt, Unternehmer zu werden, ich habe ihm immer gesagt: Es gibt nichts, das du nicht schaffen kannst. Aber die Hausaufgaben dürfen nicht auf der Strecke bleiben, Schule hat Vorrang.« Seine drei jüngeren Geschwister hätten ihn anfangs noch belächelt, erzählt Ronques Vater, »doch als sie gesehen haben, wie ihr Bruder Geld nach Hause gebracht hat und immer mehr Aufmerksamkeit bekam, sind sie zu mir gekommen und haben gesagt: ›Daddy, wir wollen heuer keine Geschenke zu Weihnachten haben und stattdessen lieber einen kleinen Vorschuss bekommen, um auch ein Unternehmen zu gründen!‹«

Ronques Vater präsentiert stolz das Cover eines US-Magazins, auf dem sein tüchtiger Sohn abgebildet ist. An der Wohnzimmerwand der Familie Brown hängen mehrere eingerahmte Auszeichnungen und Preise, die der junge Afroamerikaner in den vergangenen Jahren gesammelt hat.

»Als ich jünger war, wollte ich immer Feuerwehrmann werden, aber jetzt denke ich mir, wieso nicht Unternehmer«, sagt Ronque. »Am meisten motiviert mich das zufriedene Lächeln der Menschen, wenn sie meine Limonade trinken.« Doch wer Erfolg hat, muss der Gemeinschaft auch etwas zurückgeben: Diesem uramerikanischen

Wirtschaftsethos folgt auch der junge Limonaden-König. Einmal pro Monat verschenkt Ronque Flaschen bei gemeinnützigen Veranstaltungen seiner Pfarre.

Konkurrenzdruck im Silicon Valley

Schauplatzwechsel nach Kalifornien, in die »Bay Area« um San Francisco. Hier wird Unternehmergeist geradezu religiös verehrt. Eliteunis bereiten ihre zahlungskräftigen Studenten auf einen umkämpften Arbeitsmarkt vor – wer hoch hinaus will, muss so wie Arjun Mulchandani früh beginnen. Der zwölfjährige Amerikaner indischer Abstammung bringt anderen Kindern Programmiersprachen bei. Über hundert Schüler hat er im vergangenen Jahr unterrichtet, das Ganze sogar mit selbst erstellten Lehrplänen. Arjun trägt Brille und einen schwarzen Anzug, seine Mutter Sarbani sitzt während des Interviews auf dem Campus der Stanford University neben ihm.

»Ich liebe es, anderen Menschen zu helfen, und ich kann das tun, indem ich ihnen Programmieren beibringe. Also habe ich im Alter von elf Jahren die Firma Kids Teach Tech gegründet, die sich besonders an sozial benachteiligte Kinder richtet ...«

»Du warst zehn, als die Firma gegründet wurde, bitte sag nochmal die richtige Zahl in die Kamera«, fällt ihm die Mutter ins Wort. »Arjun ist so klug und trotzdem vergisst er manchmal die einfachsten Dinge«, fügt sie mit einem verlegenen Lächeln hinzu. Der mütterliche Ehrgeiz leuchtet aus ihren Augen.

Arjuns Startup finanziert sich durch Venture-Kapital von Großinvestoren – das Geschäftsmodell beschreibt der junge Mann als »non-profit«, also nicht gewinnorientiert. Der Zwölfjährige sagt, er möchte die Welt verbessern. Er hat damit das zentrale Mantra des Silicon Valley bereits verinnerlicht.

»Mein Ehemann hat selbst mehrere Firmen im Silicon Valley gegründet, Arjun wurde der Unternehmergeist in die Wiege gelegt. Und als wir nach Stanford kamen, war er plötzlich in einer Umgebung voller Startups und sagte mir, Mama, ich will unbedingt auch eine Firma gründen!«

Es ist bemerkenswert, wie selbstbewusst und eloquent der junge Mann auftritt. »Ich gehe davon aus, dass ich es durch meine unternehmerische Tätigkeit im Leben wahrscheinlich weit bringen werde, aber mir geht es vorrangig darum, anderen die technologischen Fertigkeiten zu vermitteln, die unsere Generation künftig brauchen wird.«

Doch Initiativen wie jene von Arjun stehen auch in der Kritik. Trainingsprogramme wie das seine würden einen Überschuss an jungen Programmierern schaffen und damit die Löhne in der Tech-Branche massiv drücken, das sei das eigentliche Ziel der Investoren, lautet der Vorwurf. Und Jungunternehmer wie Arjun würden letztlich in erster Linie an der Steigerung des eigenen Marktwerts arbeiten. Mutter Sarbani weist das zurück, aber sie gibt zu: »Im Silicon Valley herrscht riesiger Konkurrenzdruck, um an die besten Schulen zu kommen. Da musst du schon ab dem Kindergartenalter alles geben, um vorne mit dabei zu sein – es klingt ein bisschen verrückt, aber das ist die Realität hier in Kalifornien.«

Lyla, die Kuschelmonster-Designerin

Zurück an die Ostküste, nach New York City, wo wir die 14-jährige Unternehmerin Lyla Black treffen. Sie ist bereits seit elf Jahren im Geschäft und wohnt mit ihrer Familie im Stadtteil Astoria im Bezirk Queens. Lyla sitzt konzentriert an einem Schreibtisch im Keller des Hauses, wo sie, umgeben von Wollknäueln und Filzstoff, gerade mit einem Bleistift Skizzen anfertigt. Ihr Produkt: Kuschelmonster.

»Die Idee entstand, als ich im Alter von drei Jahren meinem Vater ein Geschenk machen wollte. Ich habe ein Monster gezeichnet und wollte es dann auch für ihn basteln. Also habe ich meine Mutter um Hilfe gebeten. Und als wir fertig waren, haben meine Eltern gesagt, hm, das ist wirklich niedlich, vielleicht könnten wir mehr davon machen und verkaufen?!«

Lylas Mutter war lange Zeit Kostümdesignerin bei der Fernsehserie Sesamstraße, die in New York produziert wird. Dafür wurde sie zwei Mal mit dem prestigeträchtigen Emmy-Award ausgezeichnet. Lylas Vater war für die Serie als Produzent tätig. Die beiden haben gemeinsam mit ihrer Tochter die erste Produktserie an Kuschelmonstern aus der Taufe gehoben und vermarktet. Freundlich sollten sie sein, die Monster – lächelnde Stofffiguren mit großen Ohren, die kleine Kinder beim Einschlafen mit ins Bett nehmen können, um ihre Ängste zu überwinden. Die Firma wurde »Lyla Tov Monsters« genannt, ein Name, der den hebräischen Ausdruck für »Gute Nacht« beinhaltet.

Schnell kamen neue Monster-Modelle hinzu, Lylas jüngere Geschwister kamen als Produkttester zum Zug. Die Stofffiguren wurden zum Verkaufsschlager und die Familie kam mit der Herstellung kaum nach. Also fiel der Entschluss, im Internet mit einer Kickstarter-Kampagne um Investoren zu werben. Ein voller Erfolg: Das angepeilte Ziel wurde übertroffen. Mit den gesammelten 20 000 Dollar wurde die Produktion – ganz amerikanisch – nach China verlagert und gesteigert. Mittlerweile verkauft die Familie mehrere Tausend Stoffmonster pro Jahr. Und auch ein Kinderbuch hat Lyla auf den Markt gebracht.

»Zum Glück kümmert sich mein Vater um den Großteil des Business-Aspekts der ganzen Operation«, sagt die junge Unternehmerin. »Ich bin nämlich kein Fan von Mathematik und konzentriere mich lieber auf den kreativen Teil des Geschäfts, auf den Entwurf der Figuren.«

Trotz des beachtlichen Erfolgs stehe nicht das Firmenwachstum, sondern das Persönlichkeitswachstum ihrer Tochter im Vordergrund, beteuern Lylas Eltern. »Ich denke, es besteht immer die Gefahr, dass übereifrige Eltern das Geschäft ihrer Kinder an sich reißen oder mehr wollen als das Kind, das die Idee hatte. Als Elternteil muss man sich daher bewusst zurücknehmen«, sagt Mutter Erin Black. »Ja, denn als Kind solltest du wirklich nicht gestresst sein wegen einer Firma – wir versuchen gemeinsam einen Weg zu gehen, der für Lylas Entwicklung und für das Unternehmen gut ist«, fügt Vater Eric hinzu.

Die Familie tritt nach wie vor bei Spielzeugmessen im ganzen Land auf, um neue Abnehmer zu finden und Märkte zu erschließen. »Ein Vertrag mit einer der großen Kaufhaus- oder Spielwaren- ketten wäre natürlich der Jackpot, allerdings müssten wir dann vermutlich so viele Rechte aufgeben, dass der ganze Spaß draußen wäre«, sagt Vater Eric. Derzeit sei man ganz zufrieden mit dem eigenen Onlinehandel und dem Vertrieb der Monster in kleineren Liebhaberläden im Land.

Lyla selbst hat ihr Firmenengagement zuletzt etwas zurück- gefahren. »Ich weiß nicht, ob ich weiter Unternehmerin sein will, wenn ich erwachsen bin, derzeit konzentriere ich mich eher auf die Schule, damit ich später an einer guten Universität Design studie- ren kann.« Die Erfahrungen des Kinder-Unternehmertums wolle sie aber auf keinen Fall missen. »Das Beste an Lyla Tov Monsters ist, dass ich dadurch so viele coole Leute und andere Kinder-Unter- nehmer kennengelernt habe. Und: Ich kann heute vor großem Pub- likum und vor Fernsehkameras frei sprechen, früher war ich sehr schüchtern – ich wurde aus meiner Komfortzone gestoßen und das war gut so.«

Motivation, Leistungsdruck und der verspielte Umgang mit Risiko und Erfolg. Das sind die Rezepte, mit denen der Nachwuchs in den USA zu Unternehmern erzogen und gedrillt wird. Diese Kinder glauben noch fest an ihn: den amerikanischen Traum, der nach Ende der Corona-Krise mit neuem Leben erfüllt werden soll.

Die Karrierefrau

Neu durchstarten mit 70

Washington, DC/Greenwich, Connecticut ☆ Hannelore Veit

Es ist ein lauer Sommerabend in Washington, wie so oft in dieser Stadt ziehen Gewitter auf. Francie und ich beschließen, uns trotz der drohenden dunklen Wolken auf einer der vielen Dachterrassen der Stadt auf einen After-Work-Drink zu treffen – mit Blick auf den Potomac auf der einen Seite, auf die Dächer des alten Stadtteils Georgetown auf der anderen. Es ist eine der schönsten Möglichkeiten, diese Stadt zu genießen. Francie ist für eine Konferenz nach Washington gekommen. Früh am nächsten Tag fliegt sie weiter. Sie ist ständig unterwegs, hat eine kleine Wohnung in New York, in der sie ab und zu ist, und ein Landhaus in Connecticut außerhalb von New York City, das sie ihr Zuhause nennt und in dem sie ihre Wochenenden verbringt.

Mit Francie zu plaudern und »to catch up«, Neuigkeiten auszutauschen, genieße ich immer. Francie Heller ist 74 – wüsste ich es nicht besser, würde ich sie auf 60 schätzen. Sie ist zart, klein, die perfekt gestylte Businessfrau, die dunklen Haare trägt sie halblang und lockig. Aus ihrem Alter macht sie kein Hehl.

An diesem Abend lässt mich Francie mit einem Satz aufhorchen: »Übrigens, ich habe seit einem Jahr einen neuen Job.« Ein neuer Job mit 73? Das wäre in Europa undenkbar. In den USA ist das kein Einzelfall. Es passt zu Francie, sie ist quirlig, voller Ideen und immer für Neues bereit. »Ich lerne gerne jeden Tag etwas dazu«, sagt sie.

»Dieser Job war ein Angebot, das ich nicht ausschlagen konnte. Es ist genau der Job, der zu mir passt. Es geht um die Zukunft. Wir beraten Unternehmen und zeigen ihnen mit Hilfe von KI, von Künstlicher Intelligenz, und von Big Data, wie sie besser performen könnten, indem sie soziale Verantwortung zeigen. Wie sieht es aus mit der ethnischen Zusammensetzung ihrer Führungsriege? Sind Frauen vertreten oder ist es das übliche Netzwerk von alten Männern, die zusammenhalten und das Unternehmen damit anfälliger für Mauscheleien machen? Was tut das Unternehmen für das Klima, setzt es die richtigen Schritte, um die Ziele des Pariser Klimaabkommens zu erreichen?«

Francie Heller hat sich um diesen Job nicht bewerben müssen, war auch nicht auf der Suche nach einem neuen Job. Sie war Managing Partner in einem von ihr gegründeten Consulting-Unternehmen. Die Unternehmensführung von Arabesque, ihrem neuen Arbeitgeber, ist an sie herangetreten. »Ich habe in der Vergangenheit viel mit Hedgefonds gearbeitet. Mich hat immer gestört, dass es nur um Geld und Profit gegangen ist. Arabesque setzt den Akzent darauf, Sinnvolles für die Zukunft zu gestalten. Ich habe gewusst, da will ich mitmachen.«

Die meisten Mitarbeiter des Unternehmens sind zwischen 20 und 40 Jahre alt, viele sind PhDs. »Das ist stimulierend«, findet Francie, »wir ergänzen einander. Ich weiß, wie ich eine Firma gründe, wie ich sie führe, wie ich sie organisiere, ich habe das Hintergrundwissen. Die Jungen haben die innovativen Ideen. Aber gute Ideen sind nur so gut wie ihre Umsetzung. Wir sind eine gute Kombination.«

Francie gibt mir recht, als ich einwerfe, dass in Europa selten ein Unternehmen an eine Frau über 70 mit einem Jobangebot herantreten würde. »Hier machen sie es«, sagt Francie. Punkt.

Francie Heller ist – zugegeben – eine außergewöhnliche Frau. Aber was für sie gilt, gilt für viele Amerikaner. Sie arbeiten weiter, nachdem sie das Pensionsalter von 66 Jahren erreicht haben. Manche tun es, weil sie es wollen, weil sie Freude daran haben – wie Francie. Andere tun es, weil sie es müssen, weil sie mit ihrer Pension nicht auskommen, oder ohne zusätzliches Einkommen ihren Lebensstandard nicht halten können. Das Sozialsystem in den USA ist mit dem in Europa nicht zu vergleichen. Pensionsvorsorge ist größteils auf Eigeninitiative aufgebaut, wer es verabsäumt, selbst vorzusorgen, bekommt das im Alter empfindlich zu spüren.

Umfragen belegen, dass mehr als 50 Prozent der Amerikaner, auch nachdem sie in Pension sind, in irgendeiner Form weiterarbeiten wollen. Knapp zehn Prozent der über 65-Jährigen gehen regulären Jobs nach. Umgekehrt dürfen Unternehmen auch niemanden zwingen, in Pension zu gehen. Mit einigen Ausnahmen: Für Piloten etwa und einige andere Berufe gibt es Altersgrenzen. Im Prinzip gilt aber: Niemand darf aufgrund seines Alters entlassen werden. Ein Gesetz aus dem Jahr 1967, der Age Discrimination in Employment Act, verbietet die Diskriminierung Älterer am Arbeitsplatz.

Zurück zu Francie, die nie vor dem Problem des so oft beschriebenen Pensionsschocks gestanden hat. Ihre Zeit ist immer knapp bemessen, wir wollen unser Gespräch auf der Dachterrasse bei ihrem nächsten Besuch in Washington weiterführen. Doch dieser Plan geht nicht auf. Die Corona-Krise bricht aus, Francie sitzt in ihrem Haus in Connecticut, ich in Washington fest. Also »treffen« wir uns im Juni 2020 virtuell – so wie wir es in den letzten Monaten im Home Office gelernt haben – und unterhalten uns via Zoom. »Seit März bin ich jetzt hier in Connecticut. So lange war ich noch nie zu Hause«, sagt Francie. Sie hat sich an ihre neue Situation gewöhnt. Die sonst so Umtriebige wirkt entspannt. »Ich muss sagen: Ich arbeite gerne von zu Hause, ich genieße das Haus, den Garten, die grüne Umgebung, ich genieße es, zu kochen. Ich glaube, ich werde auch in Zukunft mehr aus meinem Home Office arbeiten.«

Ob sie Mitte 70 nicht ohnehin leisertreten will, frage ich sie. »Das tue ich, ich habe schon einiges aufgegeben. Ich war im Vorstand von fünf gemeinnützigen Organisationen, jetzt sind es nur mehr drei.« Sie lacht. »Ich bin gerne aktiv.«

Francie hat in ihrem Berufsleben mehrmals die Richtung gewechselt, nie aus Zwang, sondern immer, weil sie eine neue Idee hatte. An der Boston University hat sie ein Logopädie-Studium abgeschlossen. Zu Beginn ihrer Karriere arbeitete sie als Sprachtherapeutin an Schulen und hatte nebenbei ihre eigene Privatpraxis zu Hause. »Ich hatte geheiratet, als ich noch am College war, war mit 30 geschieden und musste meine vier Kinder durchbringen«, sagt sie. Nebenbei absolvierte sie ein Masterstudium.

Diesen ersten Berufsjahren folgte ein Management-Job im öffentlichen Schulsystem von New York. Es war ein Job, der sie auf neue Ideen brachte: »Schulbezirke arbeiten zusammen, um billigere Verträge mit Schulbusunternehmen oder Versicherungen auszuhandeln. Ich habe mir gedacht, warum nicht auch gemeinsam investieren, um höhere Renditen zu erzielen?«

Öffentliche Schulen sind durch Steuereinnahmen finanziert. Schulen im Bundesstaat New York dürfen diese Gelder in Anlageprodukte investieren, um sie bis zu dem Zeitpunkt, zu dem sie für Schulprojekte benötigt werden, nicht brachliegen zu lassen. Mit ihrer Idee, Investitionen mehrerer Schulbezirke zu bündeln, um bessere Erträge zu erhalten, wurde Francie an der Wall Street vorstellig. »Ich beschloss, meine Ausbildung hinter mir zu lassen, meine Pensionsansprüche im New Yorker Schulsystem liegen zu lassen und an die Wall Street zu wechseln.« Francie landete bei der Investmentbank Bear Stearns. »Das war anfangs eine andere Welt«, sagt sie, »mit einer anderen Sprache, einem anderen Vokabular, das ich mir erst aneignen musste. Aber ich habe gespürt: Das ist meine Welt.«

Es war der Beginn einer 30-jährigen Karriere im Investmentbereich, Francie arbeitete in dieser Zeit für mehrere Unternehmen.

Francies Bereitschaft, die Vergangenheit hinter sich zu lassen und Neues zu beginnen, ist typisch amerikanisch. 70 Prozent aller College-Abgänger arbeiten nicht direkt in dem Bereich, in dem sie ihr Studium abgeschlossen haben. Der Manager eines sehr erfolgreichen US-Unternehmens hat es mir einmal so erklärt: »Wenn ich Studienabgänger anstelle, ist mir wichtig, dass sie kritisch denken und lösungsorientiert arbeiten gelernt haben und aufgeschlossen gegenüber Neuem sind. Den Rest bringen wir ihnen bei.«

Amerikaner sind im Vergleich zu Europäern mobil – auch wenn diese Mobilität laut neuesten Studien langsam abnimmt. Immer noch gilt aber: Den Job zu wechseln, ist für sie genauso normal, wie für ihren Job den Wohnort zu wechseln, von der Ostküste in den Mittleren Westen oder nach Kalifornien zu übersiedeln. Das Alter spielt dabei kaum eine Rolle. Dazu kommt der amerikanische »Can-do Spirit«: Alles ist möglich – man muss es nur wollen. Es ist eine andere Denkweise. Wenn Europäer fragen, »geht das?«, fragen Amerikaner, »warum soll das nicht gehen?«, so wird es gerne beschrieben.

Die USA – ein Einwanderungsland seit je

Als ich auf Donald Trump und eines seiner Lieblingsthemen, die Einwanderung, zu sprechen komme, wird Francie ernst: »Wir sind alle Einwanderer«, sagt sie. »Die Einwanderung ist Teil unserer Struktur, sie ist das Fundament, auf dem unser Land aufgebaut ist. Sie macht uns stark. Wir sind als Vereinigte Staaten von Amerika so erfolgreich, weil hier Menschen aus vielen Kulturen und vielen Ländern zusammenkommen. Meine Eltern haben mit nichts hier begonnen, sie waren immer dankbar, Amerikaner zu sein. Dieses Land hat ihnen so viel geboten.«

Es ist nicht zuletzt Francies Familiengeschichte, die sie zur überzeugten Amerikanerin und zur überzeugten Trump-Gegnerin macht. Eine Mauer an der Grenze zu Mexiko, Einreiseverbote, die absichtliche Trennung von asylsuchenden Familien – das lässt

Francie den Kopf schütteln, es entspricht ganz und gar nicht ihrer Vorstellung vom klassischen Einwanderungsland. »Meine Mutter, die als Teenager in dieses Land gekommen ist, ist entsetzt, wie dieser Präsident mit Einwanderern umgeht. Sie hat schlaflose Nächte.« Francies Eltern stammen beide aus Österreich. Wie so viele jüdische Familien sind sie nicht freiwillig ausgewandert, sondern von den Nazis vertrieben worden. Francie habe ich näher kennengelernt, als ich ihre Mutter Trude vor einigen Jahren interviewte. Trude ist heute 98, lebt in South Carolina – sie rüstig zu nennen, ist eine Untertreibung: Sie sprüht vor Lebensfreude und sieht es immer noch als ihre Aufgabe, amerikanischen Kids an Schulen oder Universitäten von der Nazizeit zu erzählen.

Trudes Familie musste fliehen, verlor alles. Eindringlich schildert Trude heute noch, wie im Jahr 1938 plötzlich überall in Wien Hakenkreuze zu sehen waren, wie die Nazis ihrer Familie ein paar Stunden Zeit gaben, um zu packen und die Wohnung zu verlassen, wie ihre Mutter Häuserfassaden putzen musste, wie die Familie sich tagelang im Hinterzimmer ihres Geschäftes versteckte und sich dann auf getrennten Wegen in die Niederlande durchschlug. Und wie viel Glück sie dabei hatten: Mit gefälschten Visa wollten Trude und ihre Mutter per Schiff nach Chile reisen, die Visa wurden ihnen am Vorabend der Abreise abgenommen, sie konnten die Reise nicht antreten. Das Schiff lief in der Nordsee auf eine deutsche Mine auf und sank. Ein paar Monate später schaffte Trude es, in die USA zu gelangen.

Die Geschichte der Hellers ist eine amerikanische Erfolgsgeschichte. Trude kannte ihren späteren Mann Max bereits, in den USA trafen sie einander wieder. Max begann als Arbeiter in einer Hemdenfabrik in Greenville in South Carolina zu arbeiten, übernahm die Fabrik und avancierte zum Bürgermeister der Stadt. Er war der erste jüdische Bürgermeister im konservativen Süden der USA. Dass Greenville heute eine hübsche Kleinstadt ist, verdankt sie Max Heller. Er weigerte sich in den 1960er Jahren, Highways durch die Stadt bauen zu lassen – er wollte die Stadt als Lebensraum für Menschen bewahren, mit Alleebäumen und Straßencafés, wie er sie aus Wien in Erinnerung hatte. Mitten im Zentrum der Stadt Greenville steht heute eine Statue von Max Heller.

Zu Wien, der Stadt ihrer Vorfahren, haben Francie und ihre Mutter eine ambivalente Beziehung. Trude hat die Stadt zum ersten Mal nach Jahrzehnten wieder besucht – »mit sehr gemischten Gefühlen«. Wohlgefühlt hat sie sich dabei nicht. »Ich mag die Wiener Musik und das Wiener Essen, that's the only thing«, hat sie mir einmal erzählt.

Francie, die in zweiter Ehe mit einem aus Wien stammenden, aber seit Jahrzehnten in den USA lebenden Mann verheiratet ist, sieht das anders: »Viele Familienmitglieder sind in KZs getötet worden, das war hart für mich, als ich vor 30 Jahren zum ersten Mal nach Wien kam und die Straßen gesehen habe, in denen meine Eltern aufgewachsen waren. Ich bin inzwischen über die ersten schmerzhaften Erinnerungen, die Geschichten, die ich als Kind gehört habe, hinweggekommen. Die neue Generation der Österreicher ist anders.« Mehrmals ist Francie seither nach Wien gereist, hat die Stadt ihren Kindern und Enkelkindern gezeigt.

Ein im September 2019 vom österreichischen Nationalrat beschlossenes Gesetz ermöglicht es Nachkommen von NS-Opfern, die österreichische Staatsbürgerschaft zu erlangen. Francie wird sich darum bemühen. Sie hat immer schon gerne neue Schritte im Leben gesetzt. Diesmal wird es ein Schritt zurück zu ihren Wurzeln sein.

Die Aussteigerin

Umdenken nach dem Hurrikan – wie »Earthships«
nachhaltiges Leben ermöglichen

Puerto Rico ☆ David Kriegleder

Unsere TV-Drohne schlängelt sich vorsichtig durch die dichten
Baumkronen des Regenwalds, hoch über unseren Köpfen und
kaum noch sichtbar – das mechanische Surren ihrer Rotoren erfüllt
die Luft. Kameramann Markus steht neben mir, blickt konzentriert
auf die Steuerkonsole – noch ein kleines Stück nach links, dann
ist unser technisches Spielzeug in Position. Die Drohne startet ihre
Luftaufnahme von der großen Lichtung, auf der wir uns befinden,
und noch wichtiger: von den fünf sonderbaren Bauten um uns
herum. Für sie sind wir nach Aguada gereist, in den Westen der
Insel Puerto Rico, die zu den USA gehört.

Die Gebäude ähneln mit ihren abgerundeten Dächern auf den
ersten Blick Iglus. Doch statt aus Eisblöcken bestehen ihre Wände
aus mit Mörtel überzogenen Autoreifen und Glasflaschen, das
Ganze wirkt wie eine Mischung aus surrealistischem Raumschiff
und Müllskulptur. Es ist ein fast fertiges »Earthship« – der erste
nachhaltige Öko-Bau dieser Art auf der US-Karibikinsel.

»Sind sie nicht wunderschön?«, fragt Noemi Chaparro, während
sie uns über die Baustelle führt. Die Anfang 30-jährige Puerto-
Ricanerin trägt ihre zweijährige Tochter auf dem Arm. »Dort oben
kommen noch Solarzellen hin«, sagt sie und deutet auf eines der
Dächer, »dort drüben heben wir gerade einen Graben aus, um

unsere Geothermal-Schächte zu verlegen.« Noemi zeigt mir auf ihrem iPad ein 3D-Modell der fertigen Konstruktion. »Das ist unser Traum, Gebäude, die sich komplett selbst versorgen können und mit der Natur arbeiten, statt gegen sie«, sagt sie stolz.

Dieses Bauland gehört Noemi, sie lebt gemeinsam mit ihrem Mann Carlos und ihren vier Kindern auf einer angrenzenden kleinen Farm, der »Finca TaínaSoy Apiario«. Hier betreibt die Familie seit vielen Jahren eine kleine Imkerei, um die vom Aussterben bedrohte Bienenpopulation der Insel wieder aufzustocken.

Das ausgefallene Earthship-Bauprojekt ist hingegen neu und eine Reaktion auf den verheerenden Kategorie-5-Hurrikan Maria, der Puerto Rico im September 2017 überrollt hat. Mehr als 3000 Menschen kamen damals ums Leben, die Mehrheit von ihnen in den Folgemonaten aufgrund der zusammengebrochenen Infrastruktur auf der Insel. »Es war apokalyptisch«, erinnert sich Noemi, »die gesamte Region war tagelang von der Außenwelt abgeschnitten, wir waren völlig auf uns allein gestellt.« Die Trinkwasser- und Lebensmittelversorgung sei völlig kollabiert, denn Puerto Rico importiere praktisch alles vom US-Festland. Strom habe es erst nach Monaten wieder gegeben. »Die Spitäler waren überfüllt, doch ohne Strom konnten die Verwundeten und Kranken nicht betreut werden, es war wirklich angsteinflößend.«

Die Schäden von Tropensturm Maria sind auch über ein Jahr danach, zum Zeitpunkt unseres Besuches, noch deutlich sichtbar – entwurzelte Bäume liegen an den Straßenrändern, zahlreiche Gebäude haben noch immer zerbrochene Glasfenster. Der Wiederaufbau der ohnehin verarmten Insel geht nur schleppend voran. Präsident Trump hält immer wieder Hilfsgelder zurück und beschimpft die puerto-ricanischen Behörden als unfähig – in erster Linie sind es jedoch dubiose amerikanische Privatfirmen, die, vom Weißen Haus mit dem Wiederaufbau beauftragt, in einem Sumpf aus Korruption und Ineffizienz versinken. All das verstärkt den historisch bedingten Minderwertigkeitskomplex der Inselbewohner. Sie sind seit 1917 US-Staatsbürger, doch sie fühlen sich als Bürger zweiter Klasse, denn Puerto Rico ist trotz mehrerer Initiativen bis heute »nur« ein

US-Territorium, also kein gleichberechtigter Bundesstaat. Die Bewohner dürfen etwa bei der Präsidentenwahl nicht mitstimmen und haben keine stimmberechtigten Vertreter im Kongress. »Nach Maria war uns klar, dass wir die Dinge selbst in die Hand nehmen und etwas Neues ausprobieren müssen. Damit unserer Gemeinde so viel Chaos und Leid künftig erspart bleiben. Denn der nächste Horror-Sturm kommt bestimmt, der Klimawandel ist in vollem Gange!«, sagt Noemi mit ernster Miene.

Nachhaltig und autark: Das Earthship

Im Frühjahr 2018 beginnt Noemi gemeinsam mit Freunden im Internet zu recherchieren – dort stoßen sie auf das »Earthship«-Konzept. Es stammt aus dem US-Bundesstaat New Mexico und wurde in 1970er Jahren vom Architekten Michael Reynolds erfunden. Dessen Idee ist so simpel wie verlockend: Reynolds will Wohnhäuser bauen, die sich nachhaltig selbst mit Strom, Trinkwasser und Nahrung versorgen können und damit an keinem Infrastrukturnetz hängen müssen – »off the grid« lautet das Schlagwort. Gleichzeitig sollen die Gebäude, so gut es geht, aus natürlichen und recycelten Baustoffen bestehen und zudem auch von Menschen errichtet werden können, die keine bauliche Fachausbildung haben. Reynolds konstruiert mehrere Earthship-Prototypen und startet damit einen jahrzehntelangen Kampf gegen die US-Baubehörden, gegen deren Vorschriften und Auflagen er verstößt. Er verliert seine Architekten-Lizenz und bekommt sie erst in den 2000er Jahren wieder zurück, als die Regeln gelockert werden und das Erdschiff-Konzept dank technologischer Durchbrüche einen weltweiten Boom erlebt.

»Das System, in dem wir leben, will Menschen daran hindern, autark zu leben, denn dann sind wir nicht abhängig vom Zwang, Strom- und Wasserrechnungen zu bezahlen«, sagt Noemi, und: »Michael Reynolds wurde als Gefahr wahrgenommen, weil seine Bauten funktionieren. Das Gute war, dass Puerto Ricos Behörden nach dem

Tropensturm Maria so sehr mit anderen Dingen beschäftigt waren, dass sich für uns ein Handlungsfenster aufgetan hat.«

Noemi und ihr Mann sind durch die Farmarbeit und ihre Kinder an ihren Ort gebunden, doch ihre Freunde können nach New Mexico fliegen und besuchen dort einen kostenlosen Lehrgang der Earthship Academy. Als sie zurückkehren, nimmt das Projekt Konturen an. Die Familie Chaparro stellt das Bauland zur Verfügung und findet eine geeignete Lichtung auf ihrem bewaldeten Grundstück. Architekt Reynolds reist an, um den Spatenstich zu begleiten.

Die Gruppe beschließt, keine klassischen Wohngebäude für sich selbst, sondern ein fünfteiliges Gemeinschaftszentrum im Earthship-Stil zu errichten. Es soll im Katastrophenfall allen Bewohnern des Bezirks als Zufluchtsstätte und Anlaufstelle für Notfall- und Versorgungskoordination dienen. »Diese Bauten sind komplett hurrikan- und erdbebensicher, hier wird es auch frisches Trinkwasser, Strom und Essen geben, wenn die Welt untergeht«, sagt Noemi lachend.

Der nächste Schritt ist die Baustoffbeschaffung: Zur Finanzierung der benötigten Materialien gründet die Familie Chaparro eine Non-Profit-Organisation, die beginnt, Spenden für das Projekt zu sammeln. Doch die meisten Baustoffe lassen sich auf Puerto Rico gratis organisieren. Noemi und ihr wachsendes Team rufen Freunde und Verwandte auf der Insel auf, alte Autoreifen, Glas, Plastik und Getränkedosen zu sammeln und zur Finca zu bringen. »Damit schlagen wir gleich zwei Fliegen mit einer Klappe, denn wir brauchen die Materialien sowieso für den Bau und gleichzeitig reduzieren wir Müll, für den es auf Puerto Rico ohnehin keine funktionierenden Recycling-Anlagen gibt.«

Das Ergebnis dieser Initiative sehen wir am Rande der Baustelle, wo mir Noemi ein Dutzend große Tonnen mit den gesammelten Recycling-Materialien zeigt. Bacardi-Rumflaschen türmen sich neben Cola-Dosen und Styropor-Platten. Daneben steht eine Werkbank, auf der die Materialien zerschnitten und zu sogenannten »Bottle Bricks«, also Flaschen-Ziegeln, verarbeitet werden – ein zentraler Baustein des Earthship-Konstruktionsprinzips.

Jetzt fehlt noch der entscheidende Teil des Projekts: die Suche nach Arbeitskräften. Noemi lernt einen jungen Mann namens Ralfy kennen, der selbst aus Puerto Rico stammt und schon an mehreren Earthships mitgearbeitet hat. Er hat eine kleine Armee an Freiwilligen um sich geschart, die mit ihm von Land zu Land reist, um Projekte dieser Art zu verwirklichen. Ralfy ist am Tag unseres Besuchs ebenfalls vor Ort, seine langen, schwarzen Haare sind zu einem Zopf gebunden, ein Strohhut hängt in seinem Nacken.

»Das ist eine weltweite Bewegung – wir vernetzen uns über das Internet, jeder kann mitmachen!«, erzählt mir der junge Mann mit leuchtenden Augen und in fließendem Deutsch, das er sich bei einem längeren Berlin-Aufenthalt angeeignet hat.

»Vor einem Monat hatten wir 30 Freiwillige aus 10 Ländern hier, um Phase 3 des Projekts abzuschließen, in zwei Monaten beginnt Phase 4, und dazu haben sich schon 60 Leute angemeldet!« Es sei wunderbar, pflichtet ihm Noemi bei. »All diese gleichgesinnten Menschen, die unterschiedliche Sprachen sprechen und doch konzentriert und in Einklang für ein gemeinsames Ziel arbeiten – genauso wie die Bienen auf unserer Farm. Und dabei zahlen wir ihnen nichts, alle machen das freiwillig und aus Idealismus!«

Ralfy macht mit uns eine kleine Tour durch den Rohbau der Earthship-Anlage: Er erklärt, wie die Autoreifen als Wandfundament dienen und eingearbeitetes Styropor als Dämmstoff. Sandsäcke verstärken die Konstruktion. Die mit Wasser gefüllten Flaschen-Ziegel dazwischen leiten Licht in die Gebäude, Solarzellen auf den Dächern erzeugen Strom. Die Außenwände sind mit pittoresken Mosaiken aus bunten Steinen verziert. Die Türen bestehen aus Massivholz – in sie wurden verschiedene Muster, darunter tibetische Mandalas, eingraviert.

Die Temperaturregulierung und Luftzirkulation der einzelnen Gebäude erfolgt über Thermalschächte, die kühle Luft aus dem Erduntergrund in die Bauten leiten und bei Bedarf geschlossen werden können – dann speichert die Biomasse in den Wänden die erwärmte Luft für Heizwecke – »eine komplett natürliche Air Condition«, erklärt Ralfy.

Das wirkliche Herzstück des Earthships ist aber das ausgeklügelte Wasserfiltrationssystem, bei dem jeder Tropfen mehrmals verwendet wird. »Wir sammeln das Regenwasser auf den Dächern ein und leiten es dann in eine 3400-Liter-Zisterne, wo es zum ersten Mal gefiltert wird«, sagt Ralfy. Das Wasser kann nun zum Kochen und zum Trinken verwendet werden. Danach führt der Wasserkreislauf zur Dusche, wo es durch Solarzellen erwärmt wird. Der Duschabfluss leitet das Wasser anschließend in ein riesiges Hochbeet weiter, wo Obst, Gemüse und Kräuter angebaut werden. Das Wasser versorgt das Beet (»wir verwenden nur natürliche Seifen«) und wird durch die Beeterde ein weiteres Mal gefiltert, ehe es als Spülwasser für das WC der Gebäudeanlage dient. »Schau, alles funktioniert schon«, sagt Ralfy und bedient die Klospülung.

»Am Anfang haben uns hier viele Menschen für verrückt gehalten«, erzählt Noemi. »Aber je weiter das Projekt vorangeschritten ist, desto größer sind das Interesse und die Neugierde geworden.«

Ein anderes Leben ist möglich

Im Frühjahr 2020 wird die Insel von mehreren starken Erdbeben heimgesucht. Die Versorgung einzelner Inselteile bricht erneut zusammen. Das fast fertige Erdschiff besteht seine erste Bewährungsprobe mit Bravour und liefert als einziges Gebäude der Region verlässlich Strom und Trinkwasser. Seither kommen regelmäßig Schulklassen und andere Bewohner zur Baustelle, um die Bauweise zu studieren.

Weltweit gibt es mittlerweile rund 3000 solche Earthships, die meisten davon in den USA. »Das Bauprinzip lässt sich auch für kältere Klimazonen adaptieren«, erklärt mir Noemi. Und man könne auch nur einzelne Elemente der nachhaltigen Bauweise in bestehende Gebäude integrieren, um Energie zu sparen.

Das Earthship der Chaparros befindet sich mittlerweile in der letzten Bauphase. Wenn alles gut geht, wird es mit Jahresende fertig sein. Das ganze Projekt wird am Ende rund 200 000 Dollar gekostet haben, rechnet Noemi vor. Rund ein Viertel der Finanzierung muss die Gruppe für die Fertigstellung noch auftreiben. »Für uns ist das alles ein großer und langer Lernprozess«, erzählt mir Noemi bei unserem Besuch. »Und es ist eine Erfahrung, die wir auch unseren vier Kindern mitgeben wollen. Sie sollen von früh auf lernen, dass auch eine andere Art des Wohnens und Lebens möglich ist, ohne Konsum, Konsum, Konsum. Wir wollen zeigen, dass Menschen wirklich glücklich sein können, wenn sie gemeinsam an einem Ziel arbeiten, statt jeden Tag acht Stunden einem miserablen Bürojob nachzugehen.« Und: »Also ja, in gewisser Weise zeigen wir dem herrschenden Gesellschaftssystem den Mittelfinger – dieses Projekt ist Teil einer größeren internationalen Bewegung, die eine grüne Revolution schaffen will. Denn so wie die Welt derzeit läuft, funktioniert das für niemanden«, sagt die junge Puerto-Ricanerin resolut.

Hippie-Fantasie zur Rettung des Planeten? Oder doch eher die Vorbereitung Einzelner auf eine postapokalyptische Zukunft? So oder so: Die an dem Projekt Beteiligten scheinen mir die glücklichsten Menschen zu sein, die ich bis jetzt auf US-Boden getroffen habe. Am Ende des Drehtags sitzen wir alle zusammen im Freien. Noemi hat gekocht, ihr Mann Carlos serviert Fisch in Chili-Honig-Sauce. Ralfy teilt selbst gebrautes Bier mit uns – das neueste Nachhaltigkeitsprojekt auf der Farm. Die Kinder der Chaparros spielen im Rohbau des Earthships Verstecken, der Hund der Familie wedelt glücklich mit dem Schwanz. Lachen, gemeinschaftliche Idylle, eine warme Dschungelbrise weht durch die Luft, die Zikaden zirpen. Mich überkommt plötzlich eine große Sehnsucht. Vielleicht sollte ich hierbleiben, aussteigen, mit anpacken und den hektischen Journalistenalltag an den Nagel hängen. Aber wer berichtet dann über solche Projekte? Ich nehme mir vor, nach Puerto Rico zurückzukehren und die Familie zu besuchen, wenn das Erdschiff fertig ist.

Die Farmerin

Mit Regional und Bio aus der Corona-Krise

Maryland ☆ Hannelore Veit

Es ist meine erste Fahrt hinaus aus Washington Ende Mai 2020, nach zwei Monaten Quarantäne und Home Office. Schon die Fahrt in das nördliche Maryland auf den immer noch leeren Autobahnen genieße ich. Nach Wochen, die wir alle zwangsweise im eigenen Zuhause oder Büro eingesperrt waren, nach einem völlig verregneten Frühjahr, scheint an diesem Tag endlich wieder die Sonne.

Auf dem Weg dorthin höre ich in den Lokalnachrichten, dass eine Million Küken notgeschlachtet wurden, weil eine Hühnerfarm geschlossen werden musste, zu viele Mitarbeiter waren an Covid-19 erkrankt. Nachrichten wie diese gibt es fast täglich: Bauern müssen Hektoliter Milch wegschütten, weil ihre Absatzketten zusammengebrochen sind, aber die Kühe täglich gemolken werden müssen. Andere sehen sich gezwungen, ihre Ernte einzuackern, weil so gut wie alle Restaurants, die sie normalerweise beliefern, geschlossen sind und sie zu viel produzieren.

Ich bin unterwegs zur Farm von Joan und Drew Norman in White Hall. Sie liegt ganz im Norden Marylands, fast schon an der Grenze zu Pennsylvania. Üppiges Grün, satte Wiesen, die hügelige Landschaft erinnert mich ein bisschen an die Steiermark – wären da nicht die typisch amerikanischen Farmhäuser, manche mit der amerikanischen Flagge davor, und ab und zu eine alleinstehende rote Scheune. Die vielen landwirtschaftlichen Betriebe hier sind Nahversorger für die Großstädte Baltimore und Washington.

Ein fast verstecktes Schild weist mir den Weg zur One Straw Farm. Joan, die Farmerin, nimmt sich an diesem Nachmittag viel Zeit, um mir über ihr Leben zu erzählen. Warum der Name One Straw Farm?, ist eine meiner ersten Fragen an sie. Sie lacht: »Das war eher Zufall. Als wir angefangen haben, mussten wir fast über Nacht einen Namen für unsere Farm finden. Mein Mann Drew hatte gerade ein Standardwerk über biologische Landwirtschaft mit dem Titel »One Straw Revolution« gelesen – also nannten wir sie One Straw Farm.«

Auf 30 Hektar Land bauen die Normans Gemüse an. Dazu kommen noch mehr als 100 Hektar mit anderen Feldfrüchten, mit Wiesen und Teichen. In Österreich wäre das ein größerer Betrieb. »In den USA«, sagt Joan, »sind wir eine kleine Familienfarm. Aber unter den Biofarmen gehören wir zu den größten.«

Joan und Drew sind überzeugte Anhänger der biologischen Landwirtschaft. Sie praktizieren das genaue Gegenteil der Art von Landwirtschaft, die man oft mit den Vereinigten Staaten verbindet: keine Megafarm, wie sie so oft vor allem im Mittleren Westen zu finden sind. Keine Viehzucht mit Antibiotika oder Wachstumshormonen, kein Einsatz von genverändertem Saatgut.

Biobauern aus Leidenschaft

Drew und Joan Norman waren Biofarmer von Anfang an, lange bevor Bio »in« war, sie gehörten in den 1980er Jahren zu den Trendsettern. Drew ist studierter Agronom: »Ich wollte schon als Kind immer nur Bauer werden. Zum Glück hatte ich das Startkapital und habe gleich nach dem College im Jahr 1983 meinen Traum verwirklicht. Ich wollte immer nur eine Biofarm betreiben, das war damals sehr ungewöhnlich. Schwere chemische Geschütze aufzufahren, das hat mir schon als Student nicht eingeleuchtet. Als wir begonnen haben, hat man uns belächelt. Wir waren so etwas wie die Hippies unter den Farmern. Als wir nicht gescheitert sind, waren alle überrascht.« Drew lacht.

»Oh ja«, erinnert sich Joan, »als wir am Anfang gesagt haben, wir sind ›organic‹, wir sind Biofarmer, ist es öfter passiert, dass Leute gesagt haben, ›Sorry, aber ich will mit Ihnen nichts zu tun haben‹. Sie haben gedacht, wir bauen Marihuana an.« Joan lacht. »Hätten wir das getan, wären wir heute reich. Schauen Sie mich an, sehe ich aus, als ob ich reich wäre?«

Mittlerweile geht auch in den USA der Trend in Richtung biologische Landwirtschaft und regionale Produkte. Alle großen Lebensmittelketten, ob Giant oder Safeway, haben heute eigene Abteilungen für Biogemüse und Bioobst, die jedes Jahr mehr Raum einnehmen. Bioprodukte werden zwar nach wie vor nur auf einem Prozent der Ackerfläche angebaut. Doch sie sind das am schnellsten wachsende Segment der Lebensmittelindustrie. Die Konsumenten wollen es. Und was der Konsument will, wird produziert.

Ein offizielles Bio-Gütesiegel, eine Zertifizierung des US-Landwirtschaftsministeriums, gibt es erst seit den 1990er Jahren. Für die Normans sind die Regeln nicht streng genug: Seit zwei Jahren dürfen auch Erzeugnisse aus Hydrokulturen, oder, wie es genauer heißt, aus hydroponischem Anbau, in den USA ein Bio-Gütesiegel tragen, in Europa ist das nicht erlaubt. Hydrokulturen und biologisch, das passt nicht zusammen. »Das würden wir nie tun. Niemals«, sagt Joan überzeugt.

Joan ist eine Frau, mit der man sofort warm wird. Sie redet gerne, erzählt Geschichten, ist mit Leib und Seele Bäuerin. »Eigentlich nur angelernte Bäuerin«, lacht sie, »mein Mann ist der Landwirt, ich bin die Frau des Landwirts. Ich mache all das, was er nicht gerne macht.«

Sie wollte wirklich nie Bäuerin werden?, frage ich Joan ungläubig. »Nie in meinem Leben habe ich daran gedacht. Nie! Ich habe mich aber in einen Mann verliebt, der unbedingt Farmer werden wollte. Ich habe ihm geholfen, diesen Traum zu verwirklichen. Und ich muss sagen, es hat wunderbar funktioniert.«

Joan ist das Kommunikationsgenie der Familie. »Bevor ich meinen Mann kennengelernt habe, habe ich in einem Kaufhaus gearbeitet – das war die beste Vorbereitung auf meinen Job als Biobäuerin. Ich habe dort gelernt, wie man Ware präsentiert, und ich habe sehr viel über Menschen gelernt, darüber, wie man mit ihnen umgehen muss. Das hilft mir heute im Kontakt mit unseren Kunden.«

Joan redet gerne. Der direkte Kontakt mit den Konsumenten macht diese Familienfarm so besonders – und auch erfolgreich. »Immer mehr Menschen wollen gesünder essen und schätzen regionale Produkte. So bizarr es klingt, die Corona-Krise verstärkt diesen Trend.«

Flexibel durch die Krise

Der Verkauf direkt an Restaurants *und* Privatkunden hat sich für die Normans während der Corona-Krise als Glücksfall erwiesen. Im Winter und zu Beginn des Frühjahrs liefern die Normans normalerweise vor allem an Restaurants. »Mit Ausbruch der Pandemie war von einem Tag auf den anderen alles anders. Die Restaurants waren geschlossen, wir konnten nichts mehr verkaufen. Es war klar, dass wir uns umstellen müssen, und zwar schnell. Wir haben das innerhalb von zwei, drei Wochen geschafft. Wir haben nur mehr wenige Restaurants beliefert – nur mehr die, die mit ihrem Take-out-Service auch unser Gemüse direkt an die Konsumenten verkauft haben.«

Auch auf Bauernmärkten verkaufen die Normans ihre Produkte. Bauernmärkte wurden in Maryland als »essential business«, als wesentlich für die Versorgung der Bevölkerung, eingestuft und durften auch im Frühjahr 2020 offen halten. »Die Regeln haben sich dramatisch verändert. Alle kommen mit Masken, manche mit Handschuhen, wir stellen Desinfektionsmittel zur Verfügung. Wir haben unseren Stand umgebaut und Fläche dazugemietet. Im Einbahnsystem lotsen wir die Kunden durch, damit sie das Social Distancing einhalten können. Sechs Fuß Abstand, knapp zwei Meter, das ist die Regel jetzt. Und ich muss mich wirklich zurücknehmen, ich umarme gerne Menschen, die ich mag. Das geht jetzt nicht.«

Vom Bauernhof auf den Tisch, ohne Zwischenhändler, das ist das Prinzip: Den Großteil ihrer Einnahmen erzielen die Normans von Stammkunden, die regelmäßig vorbestellen und sich die Boxen mit saisonalem Gemüse dann entweder wöchentlich auf Bauernmärkten abholen oder auch liefern lassen. »Community supported agriculture« nennt sich das. Rasches Reagieren hat die Normans auch hier über die Runden gebracht. »Wir belieferten vor der Pandemie viele Büros«, sagt Joan, »das ist weggefallen, weil die meisten Firmen aus dem Home Office arbeiten. Aber wir haben andere Abholstellen für unsere Waren gefunden, Kirchen zum Beispiel. Es läuft gut.«

Gemüse wird auch ab Hof verkauft. Es liegt im Kühlhaus zur Selbstbedienung bereit, die Preise sind angeschrieben. Das System funktioniert auf Vertrauensbasis, kontrolliert wird nicht. »Wenn Leute nicht bezahlen, ist das auch okay. Ich denke mir dann, sie brauchen es dringender als ich«, sagt Joan und zuckt die Achseln.

Den Normans geht es weit besser als den Großfarmern. Diese waren bereits vor der Corona-Krise unter Druck. Sie litten unter dem Handelskrieg mit China: Präsident Trump dekretierte Strafzölle auf chinesische Importe, um die Industrieproduktion im eigenen Land anzukurbeln. China reagierte mit Strafzöllen auf US-Produkte, vor allem auf Agrarexportprodukte wie Sojabohnen oder Schweinefleisch. Die Pandemie erhöhte den Druck auf die Großbauern: Die Exporte schrumpften oder blieben ganz aus, im Inland funktionierten viele Vertriebswege nicht mehr.

Regierungshilfen für die Bauern gibt es, sogar die Normans profitieren davon. Erwartet hatten sie es nicht. »Finanzhilfe für Farmer geht meistens an Sojabohnen- und Maisfarmer«, sagt Joan, »so gut wie nie an kleinere Biobetriebe.« Diesmal aber doch, und »es hat geholfen«, sagt Joan, »wir konnten damit unsere Angestellten bezahlen, als wir in den ersten Wochen der Pandemie kein Einkommen hatten. Wir mussten uns keine Sorgen machen, wie es weitergeht. Es hat den Druck von uns genommen.«

Der Corona-Krise kann Joan sogar Positives abgewinnen. »Die Menschen verbringen mehr Zeit miteinander, sie entdecken neu, was es heißt, zu kochen und gemeinsam zu Abend zu essen, sie haben Spaß miteinander. Einer unserer Nachbarn hat angefangen, Brot zu backen. Dieses neue Miteinander macht mich glücklich. So schlimm dieser Stillstand war, und viele haben wirklich darunter gelitten, er hat uns doch Möglichkeiten gezeigt, wie wir daraus lernen können. Die Pandemie hat vielleicht etwas zum Besseren verändert.«

Jüngste Umfragen geben Joan recht: 20 Prozent der Konsumenten sagen, dass sie ihre Essgewohnheiten verändert haben und jetzt gesünder essen, fast die Hälfte findet, dass Nachhaltigkeit wichtig ist.

Die Farm – ein Family-Business

Drei Familien bewirtschaften die One Straw Farm gemeinsam. Die erwachsenen Kinder der Normans sind – obwohl das nicht geplant war – in den elterlichen Betrieb eingestiegen. »Ich hätte nie gedacht, dass mein Sohn Farmer wird«, erzählt Joan. »Aber während seines Studiums ist er draufgekommen, dass er sich ein Leben abseits der Farm gar nicht vorstellen kann. Er ist jetzt 31. Meine Tochter ist vor Kurzem mit ihrem Mann ›nach Hause‹ zurückgezogen, wie sie sagt. Sie alle arbeiten mit, mein Schwiegersohn, der Wirtschaft studiert hat, kümmert sich jetzt um die Buchhaltung und die Finanzen. Ich bin das Gesicht der Farm, ich fahre zu den Bauernmärkten. Mein Mann ist das Gehirn dahinter, er entscheidet, was angebaut wird und worauf wir uns konzentrieren. Er probiert auch gerne neue Gemüsearten aus, schaut, wie sie auf unserem Boden gedeihen. Aber dieses Jahr lassen wir diese Eskapaden, wie ich sie nenne, es ist zu riskant.«

Es ist reiner Zufall: Das Land, das die Normans heute bewirtschaften, hat Drews Ururgroßvater gehört. »Als ich begonnen habe, wusste ich nur, meine Vorfahren hatten Landbesitz hier in der Gegend«, sagt Drew. »In den Bezirksarchiven habe ich später Urkunden entdeckt, die festhalten, dass mein Ururgroßvater bei der Volkszählung im Jahr 1790 Land genau hier besessen hat.«Es gibt in dieser Gegend im Norden Marylands zwar keine Plantagen, aber Maryland gehört zu den Südstaaten und da war die Sklaverei erlaubt. Viele, nicht alle, Farmer hatten Sklaven.»Mein Ururgroßvater offenbar auch«, sagt Drew.»Eine Tatsache, die ich bedaure, aber zur Kenntnis nehmen muss. Ich kann die Geschichte nicht ändern.«

Die Normans genießen es, im ländlichen Maryland im Einklang mit der Natur zu leben, das merkt man, wenn man sie auf ihrer Farm beobachtet.»Hier tut sich nicht viel, hier gibt es wenig Gesellschaftsleben. Das brauchen wir aber nicht. Wir treffen nicht viele Menschen, ab und zu Nachbarn. Wir sind uns selbst genug«, meint Joan. Das Leben in der Stadt geht ihnen nicht ab.»Wenn die Kinder einmal ein paar Tage nach New York fahren, sagen sie:›Es hat Spaß gemacht, aber jetzt bin ich froh, wieder zu Hause zu sein.‹«

Aufgewachsen auf dem Land, waren ihnen auch viele Dinge, die für Städter alltäglich sind, fremd. Joan erzählt, dass ihr Sohn, der als Teenager zu den Bauernmärkten mitfuhr, in Baltimore eines Tages mit einem Mann ins Gespräch kam und ihr auf der Heimfahrt davon erzählte.»Ah, du meinst den Obdachlosen?«, fragte ihn Joan. Ihr Sohn war entsetzt, warf seiner Mutter Voreingenommenheit vor.»Die Wahrheit ist«, sagt Joan,»er hatte noch nie einen Obdachlosen gesehen, weil er das Großstadtleben einfach nicht kannte.«

Erntehelfer aus Mexiko

Allein könnten die drei Familien das Land nicht bewirtschaften. 15 Erntehelfer aus Mexiko arbeiten von April bis November auf der Farm mit. Die Wintermonate verbringen sie zu Hause in Mexiko.»Als die Corona-Krise ausbrach, hatte ich schlaflose Nächte«, erzählt Drew. Die US-Behörden stellten monatelang keine Visa aus.»Wir wussten nicht, ob unsere Erntehelfer trotz der Reisebeschränkungen würden einreisen dürfen. Bis sie im Flugzeug saßen, habe ich gezittert. Ich weiß nicht, was wir ohne sie gemacht hätten. Einheimische Erntearbeiter sind nicht zu finden.«

Wie den Normans geht es fast allen Farmern. Ohne Saisonarbeiter aus Mexiko und anderen lateinamerikanischen Ländern würde die Versorgung der amerikanischen Bevölkerung mit Lebensmitteln zusammenbrechen. Die Saisonarbeiter lesen Trauben in Kalifornien, melken Kühe in Wisconsin, pflücken Äpfel in Maine oder bauen wie bei den Normans Gemüse an. Auf ein bis drei Millionen wird ihre Zahl geschätzt. Laut Landwirtschaftsministerium ist die Hälfte der Erntehelfer, mehr als eine Million, illegal im Land. Das dürfte untertrieben sein, Landwirtschaftskammern und Farmerverbände glauben, mehr als zwei Drittel seien ohne Aufenthaltsgenehmigung in den USA.

Die Erntearbeiter der One Straw Farm haben gültige Visa, kommen jedes Jahr wieder und arbeiten unter akzeptablen Bedingungen. »Wir zahlen um einiges mehr als den Mindestlohn«, sagt Joan, »wir haben Unterkünfte für sie gebaut, sind auch verpflichtet dazu, und wir bezahlen ihre Flugtickets. Miguel, unser bester Arbeiter, kommt seit fast 30 Jahren zu uns, inzwischen kommen seine Frau und sein Sohn mit. Alle unsere mexikanischen Farmhelfer hat Miguel bei sich zu Hause in Guanajuato in Zentralmexiko für uns angeheuert.«

So viele Erntearbeiter aus Mexiko verbringen die Saison in diesem Teil Marylands, dass alle zwei Wochen ein fahrender Händler mit Tortillas und anderen mexikanischen Spezialitäten die Farmen der Gegend abklappert.

Und die Zukunft?

Im Wahljahr 2020 komme ich unweigerlich auf das Thema Donald Trump zu sprechen. Die Farmer sind eine wichtige Wählergruppe für Trump, sie verhalfen ihm 2016 zum Wahlsieg. Donald Trump braucht sie, um wiedergewählt zu werden.

Auf die Normans kann Trump nicht zählen. Joan fällt es ganz offensichtlich nicht leicht, eine Antwort auf die Frage zu finden, was sie von Trump hält. Sie stockt, denkt nach und sagt dann: »Ich will höflich bleiben: Er wäre ein viel besserer Präsident, würde er den Mund halten und nicht twittern. Wie kann man nur so rüpelhaft sein. Hat ihm seine Mutter keine Manieren beigebracht? Es muss einen Grund geben, warum so viele ihn gewählt haben. Ich kann mir nur vorstellen, dass sie es getan haben, weil er so anders war und sie von vorherigen Präsidenten enttäuscht waren. Es war ein Hasardspiel, niemand wusste, was da kommen wird. Einige unserer Nachbarn haben ihn auch gewählt. Ich rede nach wie vor mit ihnen, ich bin nicht der Typ, der auf Konfrontationskurs geht.« Und dann fügt sie hinzu: »Sehr oft sehen wir unsere Nachbarn ohnehin nicht.«

Was möchte Joan noch erreichen? »Mein Job ist es, Obst und Gemüse für Baltimore anzubauen. Das mache ich gerne, und das will ich gut machen. Das ist jetzt nichts Besonderes, ich werde da keine Millionen verdienen und mir keinen Bentley oder Mercedes leisten können, aber ich bin zufrieden.« Dann fällt ihr noch ein Nachsatz ein: »Wissen Sie, was ich wirklich gerne erreichen würde? Ich würde gerne einen Scheck ausstellen können, ohne nachdenken zu müssen, ob im Moment genug Geld auf dem Konto ist und der Scheck gedeckt ist.«

Es ist später Nachmittag geworden, ein Gewitter zieht auf. Die mexikanischen Helfer beladen einen Lastwagen, morgen ist Bauernmarkt in Catonsville nahe Baltimore. Joan redet zwar gerne und viel, aber ich merke, dass sie langsam unruhig wird, weil Arbeit auf sie wartet. Sie wird am nächsten Morgen um 4 Uhr 30 aufstehen, um ihre Ware zu den Kunden zu bringen. Wie fast jeden Tag im Sommer.

Der Extremist

Wie die einflussreiche US-Waffenlobby ihren Kampf auf die Straße trägt

Virginia ☆ David Kriegleder

Die Belagerung Richmonds beginnt im Morgengrauen. Ein Stoß-trupp halbvermummter Demonstranten zieht durch die Straßen von Virginias Hauptstadt. Sie tragen militärische Tarnanzüge und Soldatenstiefel. Sie schwingen Fahnen und bewegen sich zum Takt einer mitgebrachten Trommel und einer Querflöte, die Marsch-musik aus dem 18. Jahrhundert spielt. Die Männer sind bis an die Zähne bewaffnet – Messer, Macheten, Revolver –, jedem von ihnen hängt ein Sturmgewehr von der Schulter, einige tragen zudem österreichische Glock-17-Pistolen am Gürtel. Die Waffen sind zu-gleich martialische Requisite und der Grund ihres Aufmarsches. »We shall not comply, we shall not comply«, »wir werden uns nicht fügen«, rufen sie lautstark – ein Protest gegen die geplante Ver-schärfung der Waffengesetze in Virginia.

»Wer uns die Waffen wegnehmen willen, will uns kontrollie-ren«, sagt mir ein junger Demonstrant in die Kamera, er stellt sich als Barry vor. Er ist extra aus dem Bundesstaat Georgia angereist, um an der Demonstration teilzunehmen, trägt eine Schrotflinte auf dem Rücken und eine Armeekappe auf dem Kopf. »Die USA dürfen nie wie Europa werden, wo man der Bevölkerung einfach Gesetze in den Rachen rammen kann.«

Inmitten der Menge schüttelt ein älterer, leicht gebeugter Mann im Vorbeigehen Hände. Er trägt ein blaues Hemd samt blauer Krawatte und hat auffallend blaue Augen sowie einen weißen Schnurrbart. Der Mann verteilt orange-rote Aufkleber. »Guns Save Lives«, »Waffen retten Leben«, steht darauf geschrieben. Der 68-Jährige strahlt Zuversicht und Autorität aus. Philip Van Cleave ist Virginias einflussreichster Lobbyist für Waffenrechte – er leitet die »Virginia Citizens Defense League«, kurz VCDL, und hat den Großaufmarsch organisiert.

»Wir stehen vor einer Feuertaufe und das ganze Land sieht zu«, sagt Van Cleave zu seinen Anhängern. Seine Stimme ist sanft, aber bestimmt. »Diese Art der Mobilisierung ist leider notwendig geworden, um die Leute aufzuwecken. Unsere Rechte sind bedroht, es gibt Kräfte, die uns unsere Waffen wegnehmen wollen. Heute schreiben wir Geschichte. Jetzt beginnen wir, den Gegendruck zu erhöhen.«

Doch Für Van Cleave ist es eigentlich nicht der Beginn von etwas, sondern der Kulminationspunkt eines Kampfes, den er seit zwei Jahrzehnten führt. Geändert hat sich nur, dass Virginia seit Kurzem ins Zentrum der nationalen Waffendebatte gerückt ist. Es ist eine emotionale Politschlacht, die Van Cleave viel öffentliche Aufmerksamkeit garantiert.

Das öffentliche Tragen von Waffen ist in Virginia erlaubt und keine Seltenheit, dennoch ist die Anspannung in Richmond an diesem Tag spürbar. Denn im Lauf des Tages versammeln sich über 20 000 Menschen vor dem Regierungssitz im Stadtzentrum. Mehrere Polizeihubschrauber kreisen über der Menschenmenge, Scharfschützen einer Antiterrorbehörde haben auf den umliegenden Dächern Stellung bezogen.

»Ich habe in meinem ganzen Leben noch nie ein Verbrechen begangen, also macht es doch überhaupt keinen Sinn, mir den Zugang zu Waffen zu erschweren«, unterbreitet mir der Waffenlobbyist zu Beginn unseres Interviews eines seiner zentralen Mantras. »Es sei denn, es geht dem Staat darum, mich zu schwächen, damit er mir und allen anderen mittelfristig alle Waffen abnehmen kann – und das werden wir nicht zulassen.«

Philip Van Cleave stammt aus Illinois, aufgewachsen ist er in einer
Vorstadt Chicagos. Als er 15 wird, geht sein Vater in Pension, die
Familie zieht nach San Antonio, Texas. Dort lernt er Anfang der
1970er Jahre auch seine Frau Margareth kennen, auf einem Konzert,
in dem er als Lead-Gitarrist einer Rock'n'Roll-Band namens Excali-
bur spielt. Van Cleave studiert Informatik am Trinity College in San
Antonio. Danach arbeitet er an einer Highschool, wo er die digitale
Kartei der Schulbibliothek programmiert. Zur gleichen Zeit beginnt
er, sich als freiwilliger Hilfssheriff in Bexar County, Texas, zu be-
tätigen – eine Funktion, die er sieben Jahre lang innehat und die ihn
in den Besitz seiner ersten Faustfeuerwaffe bringt. 1980 ziehen die
Van Cleaves nach Chesterfield, Virginia – für Philip ist es eine krasse
Umstellung. Er darf plötzlich in der Öffentlichkeit keine Waffe mehr
tragen, die Gesetze Virginias erlauben das zu diesem Zeitpunkt
nur mit spezieller Genehmigung und unter Angabe guter Gründe,
vergleichbar mit dem österreichischen Waffenpass. Doch in den
1990er Jahren dreht sich der Wind: Virginias Republikaner lockern
die Gesetze, künftig darf jeder Volljährige Waffen mit sich führen,
es sei denn, gegen ihn wurde ein explizites Waffenverbot verhängt.

Doch diese relativ lockeren Waffengesetze sollen jetzt wieder geändert werden. Denn seit der Wahl im November 2019 kontrollieren
die Demokraten erstmals seit Jahrzehnten wieder beide Kammern
des Parlaments von Virginia und sie stellen den Gouverneur. Virginia ist urbaner geworden, seine Demografie hat sich verändert, die
Kräfteverhältnisse haben sich verschoben. Und: Die Demokraten
sind im Wahlkampf offensiv für schärfere Schusswaffengesetze eingetreten – eine Maßnahme, die in diesem Bundesstaat mittlerweile
60 Prozent der Bewohner unterstützen. Auslöser für den Sinnes-
wandel waren mehrere blutige Massenschießereien, die wie mittlerweile im ganzen Land zum traurigen Alltag gehören. Das Jahr 2019
brachte einen neuen Rekord. Bei 28 solchen »active shooter inci-
dents« (Massenschießereien), bei denen laut Definition des FBI ein
oder mehrere Schützen im öffentlichen Raum gezielt Zivilisten ins

Visier nehmen, starben 97 Menschen und 150 wurden verwundet. Eine besonders schockierende Bluttat war das »Virginia-Beach-Massaker«, bei dem im Mai 2019 ein verärgerter Stadtangestellter zwölf Menschen erschoss und vier weitere verletzte.

Der Gesetzesentwurf der Demokraten sieht mehrere Maßnahmen vor: So soll der Kauf von Sturmgewehren und Hochkapazitäts-Magazinen künftig verboten werden und Virginias Bürger sollen generell nur noch eine Waffe pro Monat kaufen dürfen. Die bisherigen Schlupflöcher bei der Hintergrundüberprüfung von Waffenkäufern sollen geschlossen werden. Und die Polizei soll potenziellen Gefährdern die Waffen vorübergehend abnehmen dürfen.

Aus europäischer Sicht handelt es sich dabei um relativ sanfte Einschränkungen – weit weg von der befürchteten Totalentwaffnung der Bürger, vor der viele US-Waffenbefürworter warnen, und die in einem Land mit knapp 400 Millionen Waffen in Privatbesitz (es gibt mehr Waffen als Einwohner!) sowieso völlig undenkbar wäre.

Dennoch sehen die Demonstranten, mit denen ich in Richmond spreche, das Maßnahmenpaket als Kriegserklärung. »Warum sollen wir für die Verbrechen einzelner Verrückter zur Verantwortung gezogen werden?«, fragt die 73-jährige Betty, sie trägt ein Schild mit der Aufschrift: »Omas gegen Tyrannei«. Solche Gesetze würden doch nur unbescholtene Bürger treffen, während sich die wahren Verbrecher ohnehin nicht daran halten, meint sie.

»Der Staat sollte lieber in die psychologische Betreuung von Geisteskranken und Depressiven investieren, statt solche Scheinlösungen auf unsere Kosten zu versuchen«, pflichtet ihr Waffenlobbyist Philip Van Cleave bei. Er sagt, dass er immer mindestens eine Waffe bei sich habe – bei unserem Interview ist es eine tarnfarbene SIG Sauer Pistole, die er am Gürtel trägt. »Einmal pro Woche besuche ich den Schießstand, um in Übung zu bleiben.«

Auf dieselbe Weise, wie manche Menschen in der Früh vergessen, sich die Zähne zu putzen, ist es Van Cleave unangenehm zuzugeben, dass er schon mal aus Vergesslichkeit ohne Waffe das Haus verlassen hat. »Weil ich mich nackt fühle ohne Waffen«, gibt er offen zu. Deswegen habe er stets eine Ersatzwaffe in einem kleinen Safe am Beifahrersitz seines Autos. »Da muss ich nur schnell eine Zahlenkombination eingeben und schon habe ich sie. Können Sie sich vorstellen, dass eine Gazelle in Afrika einfach ihre Hörner ablegt, wenn sie zum Wasserloch geht?«, fragt mich Van Cleave, schmunzelnd über seinen Vergleich. »Nein, natürlich nicht, kein Tier wäre je so dumm, seine Selbstverteidigungswerkzeuge abzugeben, nur wir Menschen sind so blöde Tiere, dass wir das bei manchen Tätigkeiten oder an gewissen Orten tun.«

Virginias Gouverneur Ralph Northam hält von solchen Vergleichen wenig. Er hat im Vorfeld der Kundgebung den Notstand ausgerufen und ein Waffenverbot auf dem Gelände des Parlaments verhängt (ja, auch hier war das Tragen von Schusswaffen bisher erlaubt). »Nieder mit dem Gouverneur, nieder mit dem Verräter«, ruft eine Demonstrantin neben uns in ein mitgebrachtes Megafon.

Die Polizei hat Zäune und Metalldetektoren aufgestellt – wer ohne Waffe kommt, darf den Parlamentspark betreten und dort protestieren. Die bewaffneten Demonstranten müssen draußen bleiben, sie bilden einen Ring um das Gebäude. Philip Van Cleave ärgert sich über die Sicherheitsvorkehrungen. »Völlig übertrieben, hier schaut es ja aus wie in Ostberlin während des Kalten Krieges!«

Doch die Angst der Behörden ist nicht ganz unbegründet: Wenige Tage vor der Kundgebung verhaftet das FBI mehrere Rechtsextremisten. Sie sollen einen bewaffneten Anschlag auf das Parlament geplant haben. In einschlägigen Foren im Internet finden die Ermittler mehrere Gruppen, die zum »Boogaloo« aufgerufen haben – ein Codewort in der Szene, das für den Beginn eines neuen Bürgerkriegs steht. Die Polizei von Richmond befürchtet zudem, dass sich die Vorfälle von Charlottesville wiederholen könnten. In dieser Stadt Virginias wurde 2017 beim Aufmarsch von Neonazis eine junge Frau ermordet. »Wir haben nichts mit diesen Hassgruppen zu tun«, distanziert sich Van Cleave. »Die Mitglieder unserer Organisation stammen aus allen amerikanischen Bevölkerungsgruppen und -schichten. Es sind Demokraten und Republikaner dabei. Wir haben Mitglieder vieler Religionszugehörigkeiten bei uns, sogar Atheisten! Was all diese Menschen verbindet, ist der Glaube an das Recht auf Selbstverteidigung.«

»Solange Trump im Weißen Haus sitzt, bin ich beruhigt«

Den Schritt vom Waffenliebhaber zum hauptberuflichen Waffenlobbyisten hat Van Cleave Anfang der 2000er Jahre vollzogen. Durch die Lektüre zahlreicher Waffen-Zeitschriften tauchte er tief in die Debatte um den zweiten Zusatzartikel der US-Verfassung ein – das sogenannte »2nd Amendment«. Wie so vieles im mythisch zelebrierten Gründungsdokument der USA lässt auch dieser Artikel einigen Interpretationsspielraum zu. Er räumt den Bürgern der neu gegründeten Republik das Recht auf Waffenbesitz ein, um ihre Freiheit und die Unabhängigkeit des Staates zu verteidigen. Eine juristische Lesart sieht darin ein »kollektives Recht«, das sich gegen äußere Feinde richtet, da dabei von einer »gut regulierten Miliz« die Rede ist. Doch eine andere Lesart versteht den Waffenbesitz als »individuelles Grundrecht«.

»In der Schule und in den Medien haben sie uns belogen, ich fühle mich ausgetrickst, weil mir mein Leben lang nur die kollektive Interpretation des Zusatzartikels vermittelt wurde«, sagt Van Cleave. »Ich bin Lobbyist geworden, um meinen Mitbürgern die Augen zu öffnen.«

Er beginnt sich in der Virginia Citizens Defense League zu engagieren. Dazu besucht er mit Freunden regelmäßig das Parlament, um den Abgeordneten seine Sicht der Dinge zum Thema Waffen zu unterbreiten. Van Cleave übernimmt schließlich die Leitung der Waffenrechts-Gruppe – damit wird er so einflussreich, dass die republikanischen Abgeordneten des Bundesstaates von nun an ihre Positionen zum Thema mit ihm abstimmen. Mit der Lokalpolitikerin Amanda Chase hat er eine gleichgesinnte und einflussreiche Verbündete gefunden. Die umstrittene Republikanerin trug bisher sogar bei ihren Parlamentsreden stets eine Schusswaffe am Körper.

Van Cleaves Überzeugungen sind so stark, dass er sich so wie viele Amerikaner, die für etwas kämpfen, ein eigenes Geschichtsbild zurechtgelegt hat, das auf sein Herzblutthema zurechtgeschnitten ist: »Ihr Europäer müsst verstehen, dass Waffen der Kern unserer Nationsgründung waren. Unser Land hat seinen Unabhängigkeitskrieg begonnen, als uns die Engländer die Waffen wegnehmen wollten. Wir hatten genug davon, von einem König kontrolliert zu werden – also haben wir sie rausgeschmissen. Und unsere Gründerväter haben erkannt, dass Waffen die einzige Garantie sind, um vor neuerlicher Tyrannei geschützt zu sein. Erst der zweite Zusatzartikel garantiert all die restlichen Zusatzartikel. Darin liegen die Brillanz und der Weitblick unserer Verfassung. Sie gestattet, dass wir unsere Waffen gegen die eigene Regierung erheben und ihr den Krieg erklären können, wenn es notwendig ist, um unsere Freiheit zu sichern.«

Ich habe genug amerikanische Geschichte studiert, um zu wissen, dass das eine äußerst fragwürdige Interpretation der US-Constitution ist, doch ich will mich nicht in verfassungsjuristischen Diskussionen mit Van Cleave verlieren. Stattdessen frage ich ihn, ob er denn besorgt sei, dass die US-Regierung demnächst tyrannisch werde? »Nun, zurzeit wird hier immer öfter mit dem Sozialismus und dem Marxismus geliebäugelt – das sind Ideologien, die keinen Privatwaffenbesitz erlauben, weil sie keine freien Bürger wollen. Ich denke, die wollen uns entwaffnen, um diese Staatsformen einzuführen«, sagt der Waffenlobbyist und fügt hinzu: »Aber besorgt bin ich nicht, nicht solange Trump im Weißen Haus sitzt, das beruhigt mich.«

Der Präsident ist auf der Demonstration allgegenwärtig. Kleinhändler haben Stände aufgebaut, an denen sie die charakteristischen roten »Make America Great Again«-Kappen seiner Anhänger sowie T-Shirts verkaufen. Es ist bereits die neue Wiederwahl-Kollektion mit dem Aufdruck: »Trump 2020 – Make Democrats Cry Again«. Trump solidarisiert sich an diesem Tag per Twitter mit der Kundgebung – die Waffenfans sind für ihn eine wichtige Wählergruppe. Und eine Gruppe, die entgegen weit verbreiteter Annahmen nicht ausschließlich im rechten politischen Lager angesiedelt ist. Zu den glühenden Verteidigern des 2nd Amendment zählen auch Teile der linken Antifa-Bewegung und die Socialist Rifle Association, ebenso die Pink Pistols, eine Gruppe, die sich für die Bewaffnung der LGBTQ-Community stark macht.

»USA! USA! USA!«, schreit eine Gruppe von Demonstranten neben mir im Chor. Die Stimmung ist gereizt, aber gleichzeitig respektvoll. Sogar etwas Marihuana-Duft liegt in der Luft. Solange sich nicht unabsichtlich ein Schuss bei jemandem löst und die anderen Anwesenden panisch das Feuer erwidern, wird wohl alles friedlich bleiben, denke ich mir mit einem etwas mulmigen Gefühl im Bauch.

»Stolz darauf, ein Extremist zu sein«

Der amerikanische Waffenfetischismus mag auf Europäer fremd und verstörend wirken. Doch das Thema ist komplex und vor allem eine Projektionsfläche für viele andere Aspekte, die das Amalgam der amerikanischen Landespsyche ausmachen. In der Debatte um Waffenbesitz vermengen sich Fragen zu nationaler Identität und verunsicherter Männlichkeit mit dem wachsenden Misstrauen und Auseinanderdriften zwischen ländlicher und städtischer Bevölkerung. Die amerikanische Waffe ist Ausdruck von Tradition ebenso wie Tribut an den unbändig individualistischen Pioniergeist des Landes und somit auch ein emotional aufgeladenes Symbol, das die historische Spannung zwischen der Autorität des Bundes in Washington und den Rechten der einzelnen Bundesstaaten verkörpert.

Und: Die Debatte ist nicht zuletzt eines von vielen krassen Beispielen dafür, wie sich laute und finanzkräftige Lobbygruppen gegen den politischen Willen der Mehrheitsbevölkerung durchsetzen können.

Die National Rifle Association, kurz NRA, ist mit rund fünf Millionen Mitgliedern die mächtigste Waffenlobby-Organisation in den USA. Doch sie ist derzeit in mehrere Finanzskandale und interne Machtkämpfe verstrickt und hat dadurch etwas an Einfluss und Schlagkraft verloren.

»Ich bin selbst NRA-Mitglied«, sagt Philip Van Cleave. Doch seine Organisation lege Wert auf Unterscheidung. »Wir stehen weit rechts von der NRA; die sind immer wieder zu Kompromissen bereit, wir nicht!«, meint er stolz.

Während die Führung der NRA nach Massenschießereien meist in Deckung geht und die Öffentlichkeit meidet, vertritt Philip Van Cleave in solchen Momenten seine Pro-Waffen-Positionen ohne Scheu im Fernsehen. »Sturmgewehre machen einfach Spaß, so wie Ferraris, die würden Sie doch auch nicht aufgrund von ein paar Unfällen verbieten wollen?«, sagt er in einem seiner berüchtigten TV-Interviews nach einem Schulmassaker. Die Medien würden ihn deswegen oft als Extremisten bezeichnen, doch das mache ihm gar nichts aus. »Im Gegenteil, ich bin stolz darauf, ein Extremist für amerikanische Grundrechte zu sein«, so Van Cleave.

Ich selbst stamme aus einer waffenaffinen Familie, in der Jagd- und Schießsport praktiziert werden. Ich kenne die Argumente von Waffenbefürwortern gut und kann einige davon durchaus nachvollziehen. Seit meiner Bundesheerzeit bin ich mit dem Umgang mit Schusswaffen vertraut und habe auch in Österreich schon Reportagen zu dem Thema gemacht. Doch einen so kompromisslosen Waffenfan wie Van Cleave habe ich noch nie getroffen.

Selbstverteidigung sei ja schön und gut, aber wo würden Sie die Grenze ziehen?, frage ich ihn. Sind Militärwaffen dazu wirklich notwendig? Sollten Bürger auch das Recht haben, Panzer und Kampfhubschrauber zu besitzen?

»Ja, im Prinzip schon, denn wenn das Ziel lautet, die Regierung im Notfall stürzen zu können, brauchen wir genauso starke Waffen wie der Staat, der potenzielle Unterdrücker, das haben unsere Gründerväter klargestellt. Okay, ich gebe zu, Atombomben in der Hand von Privatpersonen, das ginge wohl zu weit, also die Mehrheit unserer Mitglieder hat nur Infanterie-Waffen.«

Würde es nicht trotzdem Sinn machen, einige Waffengesetze leicht zu ändern, um Massenschießereien zuvorzukommen, sprich,

ein bisschen Freiheit gegen ein bisschen mehr Sicherheit einzu-
tauschen?, frage ich weiter.

»Nein, im Gegenteil«, antwortet Van Cleave wie aus der Pistole
geschossen. Die beste Vorkehrung gegen Amokschützen wäre,
wenn alle Menschen an allen Orten Waffen tragen würden. »90 Prozent dieser Attentate finden in ›gun-free‹, also waffenfreien, Zonen
statt. Der Täter weiß, dass er die Situation ohne viel Gegenwehr
kontrollieren kann. Und jetzt stellen Sie sich vor, jeder einzelne Un-
schuldige könnte zurückschießen! Niemand würde es wagen, dort
zuzuschlagen – die sichersten Orte der Welt sind Schießstände und
Waffenmessen!«

Es ist die Van Cleave'sche Variante des berühmt-berüchtigten
NRA-Mantras: »The only way to stop a bad guy with a gun is a
good guy with a gun.« Der Hilfssheriff aus Texas hat die Logik des
Wilden Westens mit nach Virginia gebracht.

Doch seine beinahe karikaturhaft extremen Positionen wurden
dem 68-Jährigen auch schon fast zum Verhängnis. Im Sommer
2018 wird Van Cleave Opfer eines Fernsehstreichs. Der aus den
Filmen »Borat« und »Ali G« bekannte britische Komiker Sacha
Baron Cohen besucht den Lobbyisten, verkleidet als israelischer
Antiterrorexperte. Er bittet Van Cleave, bei der Produktion eines
TV-Spots zu helfen, in dem Schusswaffenbesitz für Kleinkinder
beworben werden soll. Van Cleave spielt heiter mit, er hält dazu
mehrere mit Plüschtieren verzierte Pistolen und Gewehre in die
Kamera und erklärt in kinderfreundlicher Sprache, wie man die
»bad guys« damit abknallt. Der groteske Auftritt wird zum In-
ternethit und gibt Van Cleave öffentlich der Lächerlichkeit preis.
Mehrere Mitglieder seiner Lobby-Gruppe drängen ihn zum Rück-
tritt, doch er übersteht die PR-Krise und hält sich im Sattel.

»Demokraten sollten besser nicht ins Wespennest stechen«

Und seinen Kritikern ist das Lachen mittlerweile wieder vergan-
gen. Die Virginia Citizens Defense League zieht bei ihren Veran-

staltungen von Monat zu Monat mehr Menschen an – auch Waffenfreunde aus anderen Landesteilen. Virginia ist der Dominostein, der nicht fallen darf, sonst drohen auch anderen Bundesstaaten schärfere Gesetze, lautet die Logik. Seit dem Wahlsieg der Demokraten haben zudem über hundert Bezirke und Gemeinden des Bundesstaates sogenannte »2nd amendment sanctuary cities« ausgerufen – »Schutzzonen für Waffen«, in denen die Bewohner die geplanten neuen Gesetze nicht anerkennen und damit die Staatsgewalt offen herausfordern wollen. Van Cleave hat diesen Akt der präventiven Rebellion mitorganisiert, er spricht von einem »basisdemokratischen Wunder«. Doch de facto haben vielerorts Volksmilizen die Bewohner zu dem Schritt gedrängt, indem sie bewaffnet vor den jeweiligen Rathäusern aufmarschiert sind. Einige dieser Milizen sind wie paramilitärische Verbände organisiert, sie setzen sich aus kampferprobten Armeeveteranen, Eigenbrötlern, Verschwörungstheoretikern und Mitläufern zusammen. Es ist eine facettenreiche und verstörende Subkultur, die seit der Wahl Präsident Obamas stark gewachsen ist und deren paranoid-patriotische Geisteshaltung in Anthony McCanns Reportage-Band »Shadowlands – Fear and Freedom at the Oregon Standoff« eindrucksvoll beleuchtet wird.

Einige dieser Freischärler sind auch zur großen Richmond-Kundgebung angereist. Sie stehen in Reih und Glied auf den abgesperrten Straßen und tragen Camouflage-Uniformen, einige von ihnen auch Eishockey- und Totenkopfmasken. Wer sie fragt, woher sie kommen, erhält ein scharfes »Von überall« zur Antwort – es sind Figuren, die aus den postapokalyptischen »Mad Max«-Filmen stammen könnten.

»Es macht mich so zornig, dass ich heute kommen musste, um das Selbstverständliche zu verteidigen«, sagt mir ein Milizionär im Gespräch, er hat ein Scharfschützengewehr vor sich abgelegt und einen Patronengürtel umgehängt. Der Mann spricht gut artikuliert, doch wir dürfen sein Gesicht nicht filmen, lediglich den Ton des Interviews aufzeichnen. Eine weitere Milizgruppe posiert für Fotos vor einer mitgebrachten Attrappe einer Guillotine, die vor dem Parlament aufgestellt wurde – »Auf Hochverräter wartet die Todesstrafe«, steht darauf geschrieben –, eine grimmige Warnung. Es verwundert nicht, dass die Waffengegner ihre ursprünglich geplante Gegendemonstration an diesem Tag abgesagt haben. Wohl auch deshalb endet der Aufmarsch letztlich friedlich und ohne Zwischenfälle.

Im Vergleich zu den grimmigen Milizionären kann Waffenlobbyist Van Cleave den Gemäßigten mimen. Er hoffe, dass die Vernunft siegen werde und die Demokraten ihre Gesetzesentwürfe noch zurückziehen. Wenn nicht, werde seine Organisation vor Virginias Höchstgericht Klage dagegen einreichen. »Und dann haben wir ja noch die Möglichkeit, diese Politiker in zwei Jahren wieder abzuwählen«, gibt er sich als vernünftiger Demokrat. Doch am Ende unseres Gesprächs kann er es sich nicht verkneifen, doch noch eine Drohung auszusprechen. »Sollten uns diese Anti-Waffen-Fanatiker immer weiter bedrängen, dann könnte das eine Situation heraufbeschwören vergleichbar mit der vor unserem Unabhängigkeitskrieg, und das ist ein Wespennest, in das die Demokraten besser nicht stechen sollten«, sagt er mit sanfter Stimme.

Wenige Wochen später würgt Virginias Senat einen Teil der verschärften Waffengesetze ab, auch mehrere demokratische Abgeordnete stimmen dagegen. Waffenlobbyist Van Cleave kommentiert seinen Etappensieg auf Twitter mit einem einzigen Wort: »VICTORY!!!!!!!!!!!!!!!!!!!!!«. Viele seiner Mitstreiter nutzen das errungene Selbstvertrauen, um in den Folgemonaten gegen die verhängten Ausgangsbeschränkungen in der Corona-Krise zu demonstrieren – natürlich bewaffnet.

Die Nanny

Studierende zwischen Bildungsschulden und Zukunftshoffnungen

Washington, DC/South Dakota ☆ David Kriegleder

Katrina schiebt den Kinderwagen gewissenhaft den Gehsteig entlang. Vorbei an den von Ahornbäumen umgebenen Reihenhäusern der Washingtoner Vorstadtidylle, vorbei an den akribisch gepflegten Gärten der Nachbarschaft samt ihren Latino-Gärtnern. Es ist nicht Katrinas Welt und es ist auch nicht ihr Kind, das sie an diesem sonnigen Tag zu einem nahe gelegenen Spielplatz bringt. Und doch fühlt sie sich mittlerweile recht wohl hier, die 20-jährige Frau aus South Dakota. Seit zwei Monaten arbeitet sie als Nanny in der US-Hauptstadt. »Katrina, genauso geschrieben wie der Hurrikan von New Orleans« – so stellt sie sich Leuten vor.

»Mich hat überrascht, wie grün die Stadt ist – wenn man Washington hört, denkt man doch zunächst an lauter graue Bürogebäude, große Straßen und eben die Staatsmonumente«, erzählt die junge Frau. »Außerdem sind die Menschen hier viel freundlicher und offener, als ich mir das erwartet hätte – bei uns zu Hause in South Dakota haben eigentlich immer alle nur auf die Hauptstadt geschimpft«, fügt sie lächelnd hinzu.

Es ist ein gewinnendes Lächeln, passend zu ihrem sonnigen Gemüt. Katrina ist groß, blond, attraktiv. Sie trägt ein kurz geschnittenes, weißes Sommerkleid und hat mehrere Tätowierungen – etwa eine große Sonnenblume auf der rechten Schulter. Sie ist ein richtiges »Midwestern Gal« – eine in den USA übliche Bezeichnung für junge Frauen aus dem Mittleren Westen des Landes, denen oft liebevoll ein Mix aus Bodenständigkeit, Werteverbundenheit und Weiblichkeit zugeschrieben wird.

Katrina darf im Jahr 2020 zum ersten Mal wählen. Sie ist eine von 65 Millionen Amerikanern, die nach 1997 geboren wurden und damit unter 25 Jahre alt sind. Eine Generation, die oft als »Gen Z« zusammengefasst wird.

»Ich weiß noch nicht, wenn ich wählen werde, aber Donald Trump ganz bestimmt nicht«, sagt sie. Sie kenne sich in Politik nicht gut aus, aber Trump habe das Land gespalten und die Menschen gegeneinander ausgespielt. »Seine Tweets, sein Umgang mit Frauen, all das ist mir ein bisschen unheimlich.«

Katrina bezieht politische Informationen und Nachrichten fast ausschließlich aus den Sozialen Medien. Ein bisschen über Facebook, vor allem aber über die Plattform Instagram, auf der sie auch mit ihren Freunden und ihrer Familie in Kontakt bleibt.

Zur Welt gekommen ist Katrina in einer Kleinstadt in Colorado. Ihr Nachname Keuser geht auf deutsche Einwanderer zurück. Ihre Großmutter war der deutschen Sprache noch mächtig, Katrina versteht immerhin noch zahlreiche Vokabeln. »Ich würde mein Deutsch gerne etwas aufpeppen«, sagt sie, »aber irgendwie ist es mir dann meistens doch zu schwer und zu mühsam.«

Als sie zwei Jahre alt ist, ziehen Katrina und ihr zwei Jahre älterer Bruder mit der Familie in den Bundesstaat South Dakota, genauer in die Stadt Sioux Falls. »Für die Gegend ist es eine größere Stadt, aber in Wahrheit noch immer eine, in der sich fast alle Bewohner kennen.«

Ihre Eltern lassen sich scheiden, der Kontakt zu ihrem Vater

bricht ab. Katrina besucht die Highschool in einer ländlich ge-
prägten Welt. »Ich würde sagen, jeder dritte meiner Mitschüler
stammte aus einer Familie, die in der Landwirtschaft tätig ist.«
»Future Farmers«, also künftige Bauern, sagt Katrina lächelnd – sie
habe mit deren Welt nicht sehr viel anfangen können.

»Ich fand es zum Beispiel eigenartig, dass viele dieser Menschen
schon stark vom Klimawandel betroffen sind – Hochwasser und
Dürren nehmen bei uns daheim ständig zu –, aber kaum jemand
nennt es Klimawandel.«

In ihrem letzten Highschool-Jahr besucht Katrina einen medizinischen Schnupperkurs. Der gefällt ihr so gut, dass sie nach dem
Schulabschluss an einem lokalen College eine Hebammen-Aus-
bildung beginnt. Sie studiert ein Jahr, merkt dann aber, dass es doch
nicht das Richtige für sie ist. »Die Studiengebühren pro Semester
haben 6000 Dollar betragen, ich wollte da nicht noch mehr Geld
reinstecken.« Seither zahlt sie mühsam ihre Studienschulden zurück.

Bildung als Schuldenfalle

Für Bildung oder sogar für abgebrochene Bildungswege Schulden
zu machen – das ist in den USA die Regel und nicht die Ausnahme.
Geschätzte 45 Millionen Menschen im ganzen Land zahlen derzeit
Studienkredite zurück. Diese liegen mit einer Gesamtschulden-
last von 1,5 Billionen Dollar sogar über den Kreditkartenschulden
aller US-Bürger und nur knapp hinter den Wohnbauschulden. Die
von Bildungsschulden Betroffenen stehen ihm Durchschnitt mit
33 000 Dollar in der Kreide. Katrina liegt also am unteren Rand
dieses Spektrums, ihr geht es vergleichsweise gut.

Die Aussicht darauf, die eigene finanzielle Zukunft aufgrund
einer Ausbildung auf Jahre hin zu verplanen, sei eine große psy-
chische Belastung und auch Abschreckung, erzählt Katrina. »Die
meisten meiner Freunde trauen sich nicht, ein Studium zu beginnen, weil sie Angst haben, die nächsten Jahrzehnte verschuldet und
finanziell geknebelt zu sein. Denn genau das ist die Realität, wenn

du kein attraktives Sportstipendium bekommst, das einen Teil oder sogar die Gesamtkosten der Ausbildung übernimmt.«

Hinzu kommt, dass die Studiengebühren an amerikanischen Universitäten in den vergangenen 30 Jahren massiv gestiegen sind. Unterschiedliche Berechnungen zeigen, dass private Universitäten ihre »tuition«, also das Schulgeld, im Durchschnitt mehr als verdoppelt haben, staatliche und bundesstaatliche Colleges sogar verdreifacht. Ein Anstieg, der die Inflationsrate im selben Zeitraum um das Vierfache übersteigt und sogar acht Mal so hoch ist wie das Wachstum des durchschnittlichen amerikanischen Haushaltseinkommens.

Es sind schwindelerregende Zahlen mit beinharten Konsequenzen: War in den 1980er Jahren noch die Hälfte der jungen Amerikaner zwischen 20 und 30 finanziell unabhängig, mussten im vergangenen Jahrzehnt 70 Prozent der jungen Menschen dieser Altersgruppe auf finanzielle Zuschüsse ihrer Eltern zurückgreifen – vielfach wegen ihrer Bildungsschulden.

Lange war es die 1972 gegründete »Student Loan Marketing Association«, ein staatliches Kreditinstitut, die die Mehrheit der Studienkredite im Land vergab. Doch das Institut wurde 2004 privatisiert und damit von staatlicher Aufsicht entkoppelt. Seither haben sich die Kreditbedingungen für die Studierenden massiv verschlechtert, die Zinsen erhöht. Gegen das auch unter dem Namen »Sallie Mae« bekannte Kreditinstitut wurde schon mehrfach wegen räuberischer Praktiken ermittelt.

Das Geschäftsmodell von Sallie Mae und anderen privaten Kreditgebern baue wesentlich auf den Abstiegsängsten der amerikanischen Mittelschicht auf, sagt die New Yorker Kultur- und Sozialanthropologin Caitlin Zaloom. Ihr Buch »Indebted: How Families Make College Work at Any Cost« beschreibt die teuflische Abwärtsspirale einer völlig außer Kontrolle geratenen Studienkredit-Industrie, die amerikanische Familien in die Schuldenfalle treibt, weil diese den sozialen Status ihrer Kinder um jeden Preis sichern wollen. Mehrere Studien belegen, dass sich die Investition in einen höheren Bildungsabschluss auf dem US-Arbeitsmarkt langfristig finanziell noch immer rechnet. Doch die Risiken für Zahlungsausfälle sind im Zeitalter der prekären Arbeitsverhältnisse ebenfalls gestiegen. So sehr, dass zahlreiche Ökonomen bereits vor dem Platzen einer Studienkreditblase warnen und von einer tickenden Zeitbombe für die US-Wirtschaft sprechen, auch weil finanziell überforderte Studienkredit-Schuldner seit einer Gesetzesänderung in den 1990er Jahren nur noch ganz schwer Konkurs anmelden können – die Schuldenlast kann sie ein Leben lang verfolgen. Das Thema ist mittlerweile so akut und allgegenwärtig, dass selbst der ehemalige demokratische Präsidentschaftskandidat und Jung-Star Pete Buttigieg und sein Ehemann Studienschulden in Millionenhöhe zugaben.

Mit der Corona-Krise dürfte sich dieser Trend weiter zuspitzen. Niemand weiß, wie schnell sich die US-Wirtschaft erholen wird und wann diese hoch verschuldete Generation die nötigen Jobs bekommen kann, die eine Rückzahlung der Kredite ermöglichen. Die Rettungspakete des US-Kongresses haben zwar die Stundung mancher Bildungskredite ermöglicht – doch lange wird dieser Aufschub wohl nicht gewährt werden. Mittlerweile haben zahlreiche US-Studenten angekündigt, ihre Universitäten auf den teilweisen Erlass der Studiengebühren zu klagen – schließlich mussten sie in den vergangenen Monaten der Quarantäne von zu Hause aus studieren, ohne Zugriff auf die Infrastruktur ihrer Bildungseinrichtungen. Und so ist es kaum verwunderlich, dass die vom linken Flügel der Demokraten geforderte Streichung aller Studienschulden von Katrinas Generation nicht mehr als allzu radikale Idee wahrgenommen wird. Laut Umfragen erhält der Begriff »Sozialismus« in diesem Zusammenhang von jungen Amerikanern der Gen Z mittlerweile mehr Zustimmung als der Begriff »Kapitalismus«.

Berufs- und Lebenswünsche

Die 20-jährige Katrina aus South Dakota kann mit diesen ideologischen Zuordnungen eher wenig anfangen. Doch wie so viele

Amerikaner ihrer Generation strebt sie in erster Linie nach finanzieller Stabilität. Ein geregelter Job, der die Basisausgaben deckt. Danach vielleicht irgendwann ein Eigenheim und eine eigene Familie. Die Wirtschaftskrise von 2008 und das kollektive Gefühl der wirtschaftlichen Unsicherheit haben die Gen Z seit jungen Jahren geprägt.

Katrina kellnert nach dem Abbruch ihres Studiums noch einige Monate in ihrer Heimatstadt Sioux Falls, dann findet sie auf einer Jobbörse die Stellenausschreibung für einen Nanny-Posten in Washington DC. Eine Familie sucht Unterstützung für die Betreuung von zwei Kindern. Katrina war noch nie an der Ostküste –»nur einmal mit meiner Familie in Disney World, Florida«. Es ist eine einmalige Chance, einen neuen Teil des Landes kennenzulernen – ein Abenteuer und vielleicht auch ein bisschen eine Fluchtmöglichkeit. Katrina setzt sich in ihr Auto und fährt 21 Stunden zu ihrem neuen Arbeitsplatz. Im Gepäck ein Koffer und ihre vier Monate alte Katze Lilly, die sie mitnehmen darf.

Das Leben in Washington ist am Anfang etwas ungewohnt. Der Verkehr ist hektisch, die Leute haben es stets eilig. Doch Katrina findet sich schnell zurecht, besucht an ihren freien Tagen die vielen Gratis-Museen der Stadt. An Sonntagen geht sie in die Kirche – sie besucht eine Baptisten-Gemeinde im Nordosten Washingtons, in der sie schnell Anschluss und Freunde findet und sich auch sozial engagiert.

Besonders beeindruckt ist Katrina von den Feierlichkeiten in Washington rund um den US-Nationalfeiertag am 4. Juli. An diesem Tag steht sie früh auf, um die großen Paraden in der Innenstadt aus nächster Nähe zu bestaunen. Am Abend beobachtet sie das fulminante Feuerwerk über der Stadt von einer Brücke am Potomac River aus –»What a fantastic experience!«.

Für Katrina ist der Aufenthalt in Washington auch aus finanzieller Sicht sinnvoll. Sie wohnt im möblierten Keller ihrer Gastgeberfamilie, bekommt alle Mahlzeiten und hat daher kaum Ausgaben. Das verdiente Geld kann sie beiseitelegen, um ihre Studienschulden abzubezahlen. An den Abenden klickt sie sich auf ihrem

Laptop durch medizinische Lernprogramme. Sie will einen »Paramedic course«, einen Rettungssanitäter-Lehrgang, machen. »Das klingt spannend und nach Action, während man gleichzeitig Menschen hilft.« Sie träumt davon, sich irgendwann in einem südlichen Bundesstaat niederzulassen, »South Dakota ist mir auf Dauer einfach zu kalt, da gibt es zu viel Schnee.«

Der US-Präsidentschaftswahl blickt sie durchaus interessiert entgegen. »Ich werde auf jeden Fall wählen gehen, das ist Bürgerpflicht«, sagt sie. »Ich hoffe, das Registrieren für die Wahl ist nicht allzu schwierig – Freunde haben mir erzählt, dass es da ganz schöne Hürden geben kann.«

Den demokratischen Vorwahlkampf habe sie kaum mitverfolgt – »ich kenne die Gesichter vieler Kandidaten, aber die meisten ihrer Namen nicht«. Am wichtigsten sei ihr ganz klar das Thema Bildung und dabei die Senkung der Studiengebühren. »Der Kandidat, der sich dafür einsetzt, bekommt meine Stimme.«

Nachdem ihr Nanny-Vertrag ausgelaufen ist, hat sie beschlossen, zurück nach South Dakota zu gehen. Der Washington-Aufenthalt war eine wertvolle Erfahrung, doch die Sehnsucht nach ihrer Heimatstadt und ihrer Familie war groß. Katrina ist wieder bei ihrer Mutter eingezogen und hat zwei Jobs gefunden. An den Vormittagen hilft sie als Betreuerin in einem Kindergarten aus, am Abend kellnert sie in einem Restaurant. Katrina hat ihre Studienschulden jetzt beinahe abbezahlt, »es fehlen nur noch 2000 Dollar«, erzählt sie mir stolz. Die junge Frau will weiter an ihrem Rettungssanitäter-Berufswunsch festhalten und muss dafür erst Geld sparen. Doch dieser Plan muss vorerst warten: Kurz nach ihrer Rückkehr nach Sioux Falls wird Katrina schwanger. Wie so viele Amerikanerinnen arbeitet sie praktisch bis zum Tag vor der Geburt. Danach hat sie Anrecht auf sechs bis acht Wochen unbezahlter Karenz, »ich hoffe, meine zwei Arbeitgeber haben dafür Verständnis«, erzählt mir Katrina am Telefon. Im Februar kommt ihre Tochter zur Welt. Sie tauft sie Hazel – »genauso geschrieben wie die Haselnuss«.

Der Insider

Big John, der Journalist im Weißen Haus

Washington, DC ☆ Hannelore Veit

Dieses Kapitel wollte ich eigentlich nicht schreiben. Aber Mitte Jänner 2020 sitze ich mit Journalistenkollegen im altehrwürdigen Georgetown Club im Washingtoner Nobel-Stadtteil Georgetown, dort, wo das alte Washington zu Hause ist. Zwei Straßen weiter haben John und Jackie Kennedy gewohnt, als er ein junger Senator war. Und ebenfalls zwei Straßen weiter wohnt immer noch der frühere Außenminister und Präsidentschaftskandidat John Kerry.

After-Work-Drinks gehören dazu, wenn man in der Washingtoner Welt der Politiker, Lobbyisten und Meinungsmacher vernetzt sein will. Gerade in der Medienwelt, in der Kontakte mehr als alles andere zählen, ist die Happy Hour ein wichtiges Element. Aus den Drinks, auf die wir uns getroffen haben, ist ein Abendessen geworden. Wir sind mitten im Vorwahlkampf und diskutieren wie immer über Politik. Wer ist gerade dabei, seinen Job im Weißen Haus zu verlieren? Wer wird Außenminister, wenn Bernie Sanders sich in den demokratischen Vorwahlen durchsetzt und gegen Trump gewinnt? Wer könnte Außenminister unter Joe Biden werden? Hat Michael Bloomberg Chancen?

Der große Kommunikator, der mich mit anderen Journalisten in dieser Stadt vernetzt hat, hat auch die heutige Runde zusammengebracht: John Gizzi, White House Correspondent für »Newsmax«, ein Online-Portal mit inkludiertem TV-Sender. Er ist ein wandelndes Lexikon, wenn es um Politik geht. Mit seinem Detailwissen und seinen Anekdoten überrascht er immer wieder. An diesem Abend kommen wir auf Japans Ex-Premier Junichiro Koizumi zu sprechen. Ich habe Koizumi aus meiner Zeit als Korrespondentin in Japan Anfang der 1990er Jahre in guter Erinnerung und über ihn schon berichtet, bevor er Premierminister wurde. »Sein Sohn ist jetzt Umweltminister in Japan«, sagt mir John. Das höre ich zum ersten Mal und denke an eine Verwechslung. »Koizumi?«, frage ich, »bist du sicher?«. Ich google später: Shinjiro Koizumi, der Sohn des früheren Premiers, ist tatsächlich Umweltminister. John hat wie immer recht.

Als er kurz den Tisch verlässt, werfe ich in die Runde, dass John eigentlich ein interessanter Gesprächspartner für mein Buch wäre, aber er erstens ein Freund ist und zweitens als Journalist im Weißen Haus, als einer unserer eigenen Gruppe, nicht so ganz in das Konzept passt. Die Reaktion meiner Kolleginnen ist spontan und eindeutig: »Du musst über ihn schreiben, er ist ein Phänomen.«

(So John, I hope you like this chapter – if not, thank your colleagues!)

Schon allein von seiner Statur her ist John im Pressecorps des Weißen Hauses eine gewichtige Präsenz: groß, stattlich, immer dabei, ein paar Kilo abzunehmen, was nie so richtig zu gelingen scheint, mit sonorer und unverwechselbarer Stimme, ein Mann, der aus der Menge hervorsticht. Vorzugsweise tritt John im Anzug mit Krawatte und, wenn nicht gerade Hochsommer ist, mit Hut auf – was ihn schon rein äußerlich von den Kollegen unterscheidet.

Als der Mann, der alle in Washington kennt, ist er einmal von einem Journalistenkollegen beschrieben worden. »Dem Pressecorps des Weißen Hauses anzugehören, das ist die größte Ehre, die mir in meinem Leben widerfahren ist«, sagt John.

Hard Pass: Der Zugangscode zum Zentrum der Macht

John Gizzi hat seine Reporterkarriere 1979 in Washington begonnen, berichtet seither über das Weiße Haus, den Kongress und darüber, was sich hinter den Kulissen abspielt. »Ich habe über alle Präsidenten seit Jimmy Carter berichtet«, sagt John stolz. Seit 2001 gehört er dem exklusiven Pressecorps des Weißen Hauses an. Als White House Correspondent besitzt er den begehrten »Hard Pass«, jenen selten vergebenen Ausweis, der es Journalisten erlaubt, im Weißen Haus ein und aus zu gehen, wann sie wollen. Einen solchen Hard Pass haben die Washingtoner Vertreter der großen US-Medien, sie alle haben einen oder mehrere Reporter abgestellt, um über den Präsidenten und nur über den Präsidenten zu berichten. Auch einige wenige ausländische Journalisten haben diesen Ausweis. Der Vorteil liegt auf der Hand: Ein Hard Pass garantiert freien Zugang zur Machtzentrale. Wenn man so lange wie John dabei ist, garantiert er noch mehr: einen der wenigen Sitzplätze im Presseraum, der übrigens ein erschreckend kleiner und schmaler Raum mit engen Stuhlreihen ist, der im Fernsehen viel größer wirkt. Namensschilder gibt es keine, die Plätze sind aber fix vergeben. »Mein Sitzplatz ist in der sechsten Reihe. Er ist für mich reserviert. Wenn ich zu spät komme und jemand anderer sitzt auf meinem Platz, dann ist das für mich ok, ich will keinen Wirbel machen. Manche Kollegen werden da aber richtig aggressiv und brüllen laut herum.« Die Hierarchie im Presseraum ist strikt – Fragen stellt nur, wer den Präsidentensprechern persönlich bekannt ist, und die Pressesprecher haben auch ihre bevorzugte Reihenfolge.

Einige US-Medien, etwa die »Washington Post«, haben auch einen Schreibtisch im Weißen Haus oder teilen sich einen Schreibtisch, der nicht viel mehr ist als eine Schreibfläche, so groß, dass gerade ein Laptop darauf passt, mehr nicht. Die großen TV-Sender haben winzige Kojen, um Pressebriefings live zu übertragen oder Präsidenten-Statements aus dem Oval Office zeitversetzt in ihre Zentralen zu überspielen. Live aus dem Oval Office, dem

Präsidentenbüro, zu übertragen, ist übrigens streng verboten, wer sich nicht daran hält, ist ganz schnell seine Akkreditierung los.

Zugang zum Pressezentrum des Weißen Hauses haben im Prinzip alle in Washington akkreditierten Journalisten, nur: Die ohne Hard Pass müssen sich vorher anmelden. Bei Pressebriefings gibt es dann bestenfalls einen Stehplatz.

Der Presseraum des Weißen Hauses liegt übrigens genau dort, wo sich einst der Swimmingpool befunden hat. Franklin Delano Roosevelt ließ ihn 1933 anlegen. Für FDR, der an den Folgen einer Kinderlähmung litt, war Schwimmen Therapie. Auch John F. Kennedy hat ihn benutzt, nicht nur, um seine Rückenprobleme in den Griff zu bekommen: Über Poolpartys, wenn seine Frau Jackie nicht im Weißen Haus war, berichten mehrere Autoren. Erst Richard Nixon ließ den Presseraum darüber errichten.

Das tägliche Pressebriefing gibt es schon lange nicht mehr. Seit Donald Trump Präsident ist, gibt es die Briefings nur mehr sporadisch. Stephanie Grisham, die dritte Pressesprecherin Trumps, war von Juli 2019 bis April 2020 im Amt und hat es geschafft, als einzige Präsidentensprecherin, die nie ein Briefing gegeben hat, in die Geschichte einzugehen. »Sie hat sich nie im Presseraum blicken lassen«, sagt John, »sie hat nie versucht, mit uns White House Correspondents persönlichen Kontakt zu haben.« Ihre Nachfolgerin Kayleigh McEnany hält zumindest wieder in unregelmäßigen Abständen Briefings ab. Nur sind dafür zu der Zeit, als ich diese Zeilen im Juni 2020 schreibe, aufgrund von Social-Distancing-Regeln gerade einmal 14 Journalisten im Presseraum zugelassen. Man wechselt sich ab.

Wozu Pressesprecher, wenn der Präsident Fragen lieber selbst beantwortet, scheint das Motto zu sein. Vorzugsweise tut Trump das auf dem Rasen des Weißen Hauses vor seinem Helikopter. »Trump kann von sich sagen, er beantworte mehr Fragen als jeder andere Präsident der Geschichte. Aber wenn ich eine Frage da draußen vor dem Helikopter stelle und er geht dann gleich zum nächsten Reporter weiter, habe ich keine Chance, nachzuhaken. Das hat es, solange wir traditionelle Pressebriefings hatten, nicht gegeben, da konnte man immer nachhaken«, sagt John. Man kann Donald Trump tatsächlich fast täglich beobachten, wie er die Phalanx der Reporter abschreitet, ein paar Halbsätze als Antwort hinwirft und sofort weitergeht, seinen Zeigefinger in Richtung eines ihm bekannten Journalisten ausstreckt und ihm oder ihr das Wort erteilt. Hinzu kommt, dass die dröhnenden Hubschrauberrotoren so laut sind, dass Antworten oft gar nicht verständlich sind und erst mit nachträglichem Abhören der Audiomitschnitte entziffert werden können. »It's terrible – es ist fürchterlich«, so John, »und nicht nur das. Manchmal warten wir Journalisten 45 Minuten bei jedem Wetter draußen vor dem Weißen Haus, das kann ganz schön unangenehm werden.«

Donald Trump und die Presse, das ist ein Kapitel für sich. Unter diesem Präsidenten hat sich alles verändert. »Oh ja«, stimmt John zu, »viele Medien werden von diesem Präsidenten einfach ignoriert, manche werden ständig beleidigt.« Die »New York Times« ist eines dieser Medien: Trump spricht immer wieder von der »failing New York Times«, der »New York Times«, die angeblich vor dem Ruin steht, obwohl es ihr bestens geht und sie eine der angesehensten Zeitungen des Landes ist. Immer wieder fordert Trump bei Wahlkampfveranstaltungen seine Anhänger auf, sich von der Lügenpresse nichts vormachen zu lassen, gestikuliert dabei in Richtung Pressetribüne, wo die Fernsehkameras stehen, was reflexionsartig laute Buhrufe seiner Anhänger zur Folge hat. »Und«, so John, »er hat seine Lieblingsmedien. ›Fox News‹ gibt er jede Menge Interviews, der Form halber haben auch mal die ›Financial Times‹ oder die ›New York Times‹ Interviews bekommen. Aber meistens ist Trump einfach ein Politiker, der seine Basis anspricht.« Als großen Fehler sieht John es an, dass Trump versucht hat, dem CNN-Korrespondenten Jim Acosta nach einem heftigen Wortgefecht den Presseausweis für das Weiße Haus zu entziehen. Ein Sturm der Entrüstung in nationalen und internationalen Medien war die Folge, ein paar Tage später nahm das Weiße Haus die Entscheidung zurück. Jim Acosta berichtet nach wie vor aus dem Weißen Haus und scheut nach wie vor nicht vor provozierenden Fragen zurück.

John ist der White House Correspondent für »Newsmax«, ein konservatives Medienunternehmen mit steigender Reichweite, das Internetinformation bietet, aber auch einen rasch wachsenden TV-Sender betreibt. John ist *der* »Newsmax«-Mann in Washington, verfasst Online-Berichte, ist gleichzeitig TV-Korrespondent und live bei Breaking News aus Washington zugeschaltet und ist oft Teilnehmer an TV-Diskussionsrunden. Eine freundlichere und sanftere Version von »Fox News«, so lautet die Selbstdefinition des »Newsmax«-Gründers Chris Ruddy. John bekennt sich dazu, konservativ zu sein, will aber seine eigene Einstellung nicht in seine Berichte einfließen lassen. »Ich gehöre zu den altmodischen Journalisten, die über Fakten berichten, ich will eine Story aufreißen und sie zum Thema machen. Aber ich bin kein Leitartikelschreiber, ich habe kein Sendungsbewusstsein«, beschreibt er sich selbst.

John hat über demokratische und republikanische Präsidenten berichtet. Nicht alle, aber einige hat er selbst interviewt. George W. Bush hatte sogar einen Spitznamen für ihn: Big John.

Mit fast allen Präsidentensprechern ist John Gizzi gut ausgekommen. »Intensiver war der Kontakt meist mit den Republikanern«, sagt er. Er fügt aber gleich hinzu, auch mit Obamas Pressesprechern habe er sich gut verstanden. »Von Robert Gibbs, Obamas erstem Pressesprecher, habe ich gerade eine E-Mail erhalten, sie beginnt mit ›Hi, my friend‹. Auch Josh Earnest, Obamas letzter Pressesprecher, hat mich immer gut behandelt, hat mich immer zu Wort kommen lassen.«

Josh Earnest ist es auch, der bestätigt, dass John eine Herausforderung für Präsidentensprecher ist, weil er nicht davor zurückscheut, überraschende Fragen abseits der Tagesaktualität zu stellen: »Mein Rat an alle, die John Gizzi gegenüberstehen: Macht eure Hausaufgaben, seid gut vorbereitet. Ihr wisst nie, welche Fragen John Gizzi einfallen«, so Earnest in einem Interview.

John Gizzis bevorzugte Pressesprecherin war Sarah Huckabee Sanders, Trumps zweite Pressesprecherin, die im Sommer 2019 zurückgetreten ist – in Einvernehmen mit Donald Trump, was bei diesem Präsidenten eher selten der Fall ist. Bei den meisten Journalisten war Sarah Sanders ob ihrer knappen Antworten und unerschütterlichen Loyalität zu Donald Trump unbeliebt. Sanders hatte es geschafft, Trumps Ausbrüche, Meinungsschwankungen und Falschaussagen als völlig normal darzustellen und die Dinge so zu drehen, als wäre es die Presse, die absurde Fragen stellt. John war – so behaupten manche Kollegen – manchmal Sarah Sanders' Sicherheitsanker. Wenn die Fragen zum gerade aktuellen Aufreger zu heiß wurden, erteilte sie gerne John das Wort. Sie konnte ziemlich sicher sein, dass er mit seiner Frage das Thema wechseln würde. John sieht das freilich anders: »Ich hatte immer ein bestimmtes Thema im Kopf und habe die Fragen dazu gestellt, ob das den anderen gepasst hat oder nicht.«

John ist die Spezies Journalist, die alle respektieren. Er ist höflich, aufmerksam und beliebt bei den Kollegen. Und sorgt für Heiterkeit. Als er einmal vergaß, sein Telefon auf lautlos zu stellen und es während des Pressebriefings läutete, konfiszierte es der damalige Obama-Pressesprecher Robert Gibbs halb ernst, halb scherzhaft, öffnete die Tür und warf das Handy hinaus. Unter allgemeinem Gelächter erklärte er »kraft seines Amtes als Pressesprecher des Präsidenten der Vereinigten Staaten« das Handy zum Störkörper. »Keine Sorge«, fügte er hinzu, »jemand hat es da draußen aufgefangen.«

Eines hätte John Gizzi gerne in die Liste seiner Tätigkeiten aufgenommen, er findet aber in seinem dichten Tagesablauf als schreibender Journalist, der auch TV-Live-Einstiege absolviert, nicht die Zeit dazu: als Pooljournalist den Präsidenten zu begleiten. Pooljournalisten wechseln nach einem Rotationsprinzip täglich und versorgen ihre Kollegen, wenn nicht der gesamte Journalistentross dabei ist, mit Zitaten oder auch nur mit Lokalkolorit. »POTUS am Golfplatz eingetroffen, Pool in Warteposition«, lautet da eine typische E-Mail-Meldung, wenn Trump das Wochenende im Winter White House in Mar-a-Lago verbringt. (POTUS steht im Journalisten- und Geheimdienstsprech für President Of The United States.)

Oder: »Wheels up shortly to AFB – wir heben in Kürze in Richtung Andrews Airforce Basis ab.« »Außerdem würde es mir ohnehin widerstreben, Meldungen wie ›Der Präsident trägt heute eine rote Krawatte‹ rauszuschicken«, grinst John.

John ist mehr als ein guter Kollege, er weiß einfach alles. Wie viele Sitze haben die Republikaner bei der Kongresswahl 1982 im Repräsentantenhaus verloren? John Gizzi kann die Frage beantworten. Ohne zu zögern. Und er hat nicht nur ein enzyklopädisches Wissen, er hat auch eine schier unerschöpfliche Liste von Kontakten. Unglaubliche 52 prall gefüllte Rolodex finden sich in seinem Büro. Für alle, die zu jung sind, um zu wissen, was eine Rolodex ist: In einer Rolodex sind Karteikarten auf einer drehbaren Achse befestigt und alphabetisch geordnet. »Den Tipp dafür habe ich in meinem ersten Job in einer Steuerberatungskanzlei bekommen«, erzählt John, »jede Visitenkarte wird aufgehoben und eingeordnet.« Bei John sind sie nicht nur alphabetisch geordnet, sondern auch nach Bundesstaaten gruppiert. Hinter Johns Schreibtisch steht die Rolodex mit internationalen Kontakten: Wie gründlich er arbeitet, davon kann ich mich selbst überzeugen. Selbstverständlich ist unter dem Stichwort »Austria« meine eigene Visitenkarte zu finden, genauso wie die aller österreichischen Botschafter der letzten Jahre, und »schau mal«, sagt er stolz, »auch das habe ich aufgehoben«: »Dr. Jörg Haider« steht auf der Visitenkarte, von John eingesammelt und eingeordnet, als Jörg Haider Washington besucht hat. Digitalisiert hat John seine Kontaktinformationen nie. Aber wenn, wie kürzlich, eine Kollegin einer angesehenen Zeitung anruft und fragt: »Ich reise demnächst nach South Carolina und brauche ein paar Kontakte in der dortigen Demokratischen Partei, kannst du mir helfen?«, hat er eine Antwort.

Visitenkarten zu horten ist eines, den Kontakt zu journalistischen Quellen und Bekannten aufrechtzuerhalten, sich immer wieder in Erinnerung zu rufen, ein anderes. Auch das tut John akribisch. Nicht weniger als 1300 Weihnachtskarten haben John und seine Frau Colleen im letzten Jahr verschickt. Alle handschriftlich unterschrieben, viele mit persönlicher Notiz. Wen man kennt und bei Bedarf anrufen kann, dieses System hat John zur Wissenschaft erhoben und perfektioniert.

Apropos Colleen: Johns Frau hat in der Republikanischen Partei Geschichte geschrieben. Sie war die erste Frau, die sich im Bundesstaat Michigan im Jahr 1986 für das Gouverneursamt beworben hat. Colleen war damals 33 Jahre alt. Sie unterlag – aber John ist heute noch stolz darauf, dass seine Frau zumindest versucht hat, diese gläserne Decke in der Politik zu durchbrechen.

Die Polarisierung der Medien

Journalistenorganisationen wie »Reporter ohne Grenzen« sehen in den USA die Pressefreiheit in Gefahr, sie begründen das mit Trumps Animosität gegenüber Medien: Fake News nennt Trump Mainstream-Medien wie CNN oder die »Washington Post«, die Medien hat er auch schon »enemy of the people«, Volksfeinde, genannt. In der Rangliste in Sachen Pressefreiheit, die »Reporter ohne Grenzen« jährlich erstellt, sind die USA nach hinten gerutscht und belegen nur noch Platz 48 von 180. (Auch in Österreich habe sich die Situation verschlechtert, so »Reporter ohne Grenzen«. Österreich liegt auf Platz 16.)

Dass die Pressefreiheit in den USA in Gefahr sei, verneint John vehement. »Absolut nicht«, sagt er, »das ist lächerlich. Seit 200 Jahren sind im ersten Verfassungszusatz das Recht auf Meinungsfreiheit und das Recht auf Pressefreiheit garantiert. Die sind nicht gefährdet.«

Tatsächlich haben die großen Medien des Landes ihre Redaktionen in Washington aufgestockt, seit Donald Trump das Amt des Präsidenten übernommen hat. Sie schauen dem Präsidenten genau auf die Finger, analysieren jeden Tweet und jede hingeworfene Bemerkung. 20 000 Lügen oder Halbwahrheiten hat er bis Juni 2020 verbreitet, rechnet die »Washington Post« vor. Wenn dieses Buch erscheint, werden es zweifelsohne noch mehr sein.

Parallel zur Polarisierung der Gesellschaft hat in den USA auch eine Polarisierung der Medienlandschaft stattgefunden, die meisten Medien sind entweder auf Pro-Trump- oder auf Anti-Trump-Kurs. Das ist wenig verwunderlich angesichts der Trump'schen Rhetorik: Das Vertrauen der Amerikaner in die Medien sinkt, vor allem bei konservativen Amerikanern. Das untermauert eine Anfang des Jahres 2020 veröffentlichte Studie des angesehenen Washingtoner Meinungsforschungsinstituts Pew. Als verlässlich, so Pew, gilt bei Republikanern vor allem ein Sender: Fox News. Dieser Sender steht – ausgenommen seine klassischen Nachrichtensendungen, die durchaus auch Trump-kritisch berichten – für konservative und oft extrem rechtspopulistische Meinungsmache. Sean Hannity, einer der einflussreichsten erzkonservativen Meinungsmacher, hat auf Fox eine tägliche einstündige Sendung. Demokraten oder eher den Demokraten zuzuordnende Amerikaner haben ein viel größeres Vertrauen in Medien, so die Pew-Studie, und betrachten mehr Medien als verlässlich, allen voran die großen Sender ABC, NBC und CBS und auch CNN.

Das größte Problem der Medien sieht John aber in der steigenden Bedeutung der Sozialen Medien. »Jeder ist plötzlich ein Journalist. Da beginnt jemand, einen Blog zu schreiben, und schon ist er einer. Die Sozialen Medien verstärken die Spaltung im Land. Als Journalist macht es mir Sorgen, dass die Menschen nur mehr die Medien konsumieren, die sie in ihrer eigenen Meinung bestärken«, sagt John.

Im Gizzi-Haushalt in Washington sind viele verschiedene Zeitungen abonniert, rechtsgerichtete und linksgerichtete. »Die Leitartikel der ›Financial Times‹ oder auch anderer Zeitungen bringen mich manchmal auf die Palme, wenn sie so gar nicht meiner Meinung entsprechen«, sagt John, »aber ich lese sie.«

Was John auszeichnet, ist sein Interesse, sich mit anderen, vor allem auch mit ausländischen Journalisten auszutauschen. »Das eröffnet mir neue Perspektiven«, sagt er. Zeit findet er immer. Und spricht manchmal unverhoffte Einladungen aus, wenn seine Frau ihn gerade nicht begleiten kann. So geschehen beim letzten Weihnachtsempfang der Obamas, als er eine Kollegin mitnahm. Für zukünftige Empfänge im Weißen Haus stehe ich zur Verfügung, habe ich John wissen lassen – auch wenn ich kein Trump-Fan bin.

Für die Zukunft erhofft sich John Gizzi die Wiedereinführung der täglichen, live übertragenen Pressebriefings. »Wird ein demokratischer Kandidat Präsident, wird er die täglichen Briefings durch seinen Pressesprecher oder seine Pressesprecherin wieder einführen, da bin ich sicher. Und ich hege die Hoffnung, dass auch Trump, wenn er wiedergewählt wird, wieder zu täglichen Briefings übergeht«, sagt John. »Ich bin vorsichtig optimistisch.«

Er hofft jedenfalls, trotz Corona-Maßnahmen im Herbst wieder täglich an seinem angestammten Platz in der sechsten Reihe im Presseraum des Weißen Hauses sitzen zu können.

Die Trumpette

Eine Society-Lady wirbt für Trump

Palm Beach, Florida ☆ Hannelore Veit

»We do love our president!! Wir lieben unseren Präsidenten!!« Überschwänglich begrüßt Toni Holt Kramer, die Gastgeberin und Zeremonienmeisterin des Abends, den Präsidenten. Es ist der 1. Februar 2020. Das Event:»Red, White and Blue Celebration«, die bereits dritte Gala zu Ehren Donald Trumps, die Toni in dessen privatem Club Mar-a-Lago organisiert hat. Alljährlich rund um den Jahrestag seines Amtsantritts finden Tonis patriotische, in Blau-Weiß-Rot, den Farben der Flagge, gehaltene Galas statt. Selbstverständlich ertönt der »Star-Spangled Banner«, die Hymne. Hautenges, goldglitzerndes Designerkleid, High Heels, perfektes Bühnen-Make-up, platinblonde, wallende Mähne – so führt Toni durch den Abend. Ihr Alter ist undefinierbar, aber ganz sicher weit jenseits der 70.

Zum ersten Mal schmückt der Präsident selbst Tonis Gala mit seiner Anwesenheit. Toni hat das gar nicht zu hoffen gewagt. Doch es ist Wahlkampf und Donald Trump ist gekommen, um sich feiern zu lassen, mit ihm seine Frau Melania. Toni begrüßt Donald Trump als den 45. *und* den 46. Präsidenten der Vereinigten Staaten – als sei er schon wiedergewählt worden.

Toni ist im siebenten Himmel. Das von ihr geplante Event ist ein Riesenerfolg.»Es ist die extravaganteste Gala in Palm Beach. Und das heißt etwas, hier gibt es viele große Society-Events. Aber diese Gala übertrifft sie alle – this one is blowing them all out of the water«, sagt Toni. Pro Platz zahlen die Trump-Fans zwischen 750 und 2000 Dollar. Eigentlich wenig für Palm Beach, diese Stadt der Reichen und Schönen. Für Plätze in der ersten Reihe zahlt man selbstverständlich um einiges mehr. Extravagant sind auch die Giveaways – die kleinen Abschiedspäckchen, die jeder am Ende des Abends erhält, enthalten Geschenke im Wert von 500 Dollar.

Bei der ersten von ihr organisierten Gala zwei Jahre davor hatte Toni Holt Kramer noch gezittert, ob sie den Saal überhaupt füllen könne. »Aber nach elf Tagen«, erzählt sie triumphierend, »war das Event ausverkauft.«

Toni ist Trump-Anhängerin der ersten Stunde, ein hardcore Trump-Fan, wie sie selbst sagt. Sie ist die Erfinderin der Trumpettes – eines weiblichen Trump-Fanclubs. Die Mission der Trumpettes: aufzuzeigen, was für ein großartiger Präsident und Retter des Landes Donald J. Trump ist. Das Ziel: Trumps Wiederwahl am 3. November 2020.

Gemeinsam mit drei Freundinnen, alles wohlhabende Society Ladies wie sie, beschloss Toni an ihrem Geburtstag vor fünf Jahren, die Trumpettes zu gründen: »Es war der schönste Geburtstag meines Lebens.« Denn an diesem Tag, dem 16. Juni 2015, kündigte Donald Trump seine Präsidentschaftskandidatur an. »Ich hatte so fest gehofft und die Daumen gedrückt, dass er sich um das Präsidentenamt bewerben werde.«

Der alte Geldadel und die Neureichen

Toni lädt mich in ihre Villa in Palm Beach ein. Glocke gibt es keine. Das Tor öffnet sich von unsichtbarer Hand gesteuert. Die Botschaft ist klar: Willkommen ist hier nur, wer angemeldet ist. Die Villa im klassischen mediterranen Stil ist kühl, nicht nur, was die Temperatur betrifft, und fast gespenstisch still. Eine uniformierte Haushälterin huscht lautlos durch die marmorne Eingangshalle. The Mrs., wie Toni vom Personal genannt wird, sei noch nicht bereit für das versprochene Interview. Für meinen Kameramann Markus und mich Gelegenheit, uns umzusehen. Der erste Eindruck: überladen, viel Kitsch, viel Gold, an allen Wänden Fotos von Toni. Tonis Einrichtungsstil passt so gar nicht zum Stil des Hauses, er passt aber sehr gut zu seiner Besitzerin.

Toni Holt Kramer verkörpert das neue Palm Beach. Das »New Money«, wie die alteingesessenen Familien von Palm Beach herablassend sagen. Der Ort, auf einer der Barriereinseln vor der Küste Floridas gelegen, ist seit mehr als hundert Jahren das Winterdomizil der Superreichen. Anfang des 20. Jahrhunderts war es der alte Geldadel der Ostküste, der in Palm Beach Residenzen bauen ließ – die WASPs, die White Anglo-Saxon Protestants, die alteingesessene Elite, traf sich im warmen Florida und war hier unter sich. Wer auf sich zählte, amüsierte sich in Palm Beach. Die Kennedys, zwar keine WASPs, weil katholisch und nicht protestantisch, hatten hier ein Anwesen, genauso wie Wall-Street-Tycoons oder Eisenbahnmilliardäre. Palm Beach war – und ist – eine geschlossene Gesellschaft, die Villen entlang palmengesäumter Straßen liegen versteckt hinter blickdichten Hecken oder Mauern. Man lädt einander ein und man trifft sich in den Clubs oder beim Golf.

Das größte und prunkvollste Anwesen ist Mar-a-Lago. Eine der vermögendsten Frauen Amerikas, Marjorie Merriweather Post, die Erbin eines Lebensmittelunternehmens, ließ Mar-a-Lago Mitte der 1920er Jahre errichten. Entworfen wurde es übrigens von einem in die Vereinigten Staaten ausgewanderten Österreicher, dem Architekten und Designer Joseph Urban. Für 20 Millionen Dollar stand Mar-a-Lago in den 1980er Jahren zum Verkauf. Donald Trump, der Dealmaker, erhielt es für – fast lächerliche – fünf Millionen. »Er hat einen der besten Immobiliendeals aller Zeiten gemacht. Später hat er selbst zugegeben, dass das kein sauberer Deal war«, so der Autor Laurence Leamer, der ein viel beachtetes Buch über Mar-a-Lago geschrieben hat.

Donald Trump kam mit viel Geld, das er nicht – wie die alteingesessene Gesellschaft von Palm Beach – dezent verstecken wollte, sondern mit dem er protzen wollte. Für seine Partys ließ er Models und Promis einfliegen und brachte das Society-Leben von Palm Beach durcheinander. Willkommen war er anfangs nicht: »Er war zu angeberisch. Sein Geld war zu neu. Sein Blut war nicht blau genug. Niemand mochte ihn, niemand wollte ihn hier«, sagt Laurence Leamer. Aber: Palm Beach war plötzlich in aller Munde. Donald Trump war der König des neuen Geldes. In Mar-a-Lago fanden die angesagtesten Partys statt, die Society-Kolumnisten berichteten darüber – wer mit der Zeit gehen und in den Klatschspalten über sich selbst lesen wollte, nahm Einladungen nach Mar-a-Lago an. Auch die, die früher die Nase über ihn gerümpft hatten.

»Donald Trump ist das Beste, was Palm Beach passieren konnte«, sagt Toni. Cremefarbenes Kleid, obligatorische High Heels, ein pelzbesetztes Haarband passend zum Kleid und volles Make-up, so empfängt sie mich in ihrem »Trumpette Room«. Dass ihr straffes Gesicht mit den wulstigen Lippen nicht ohne chirurgische Hilfe entstanden ist, ist unübersehbar.

Warum Toni ihr Arbeitszimmer Trumpette-Zimmer nennt, ist auf den ersten Blick erkennbar, die Wände sind voll mit Fotos: Toni mit Donald Trump, Toni allein, Toni mit Eric und Lara Trump, Toni mit anderen Prominenten, und immer wieder Donald Trump, in jovialer und gönnerhafter Pose. Über Donald Trump spricht Toni nur in Superlativen. Und manchmal hat er tatsächlich Dinge in Palm Beach zum Positiven verändert. »Als Donald Trump seinen Club Mar-a-Lago geöffnet hat, waren dort plötzlich Juden, Muslime und Schwarze willkommen. Minderheiten konnten Mitglied werden. Das gab es vorher nicht. In Trumps Club aber waren alle willkommen, Menschen aus allen sozialen Schichten, Menschen ganz unterschiedlicher Herkunft. Das alte Palm Beach hat schief geschaut, hätte es lieber gehabt, dass alles so geblieben wäre, wie es immer schon war.« Viel Geld mussten freilich auch die Neuankömmlinge besitzen, um akzeptiert zu werden.

Toni und ihr Ehemann Bob Kramer trafen den künftigen Präsidenten zum ersten Mal am Silvesterball 2009 in Mar-a-Lago. »Er war ein charmanter Gastgeber«, schwärmt Toni. »Er hat uns sofort eingeladen, Mitglieder in seinem Club zu werden.« 100 000 Dollar musste man damals für die Mitgliedschaft bezahlen. Seit Trump Präsident ist, muss man 200 000 Dollar hinlegen, um dabei zu sein.

Geld ist im Kramer-Holt-Haushalt ganz offensichtlich kein Problem. Bob Kramer war Autohändler. Neben der Villa in Florida nennen die beiden ein Anwesen im kalifornischen Palm Springs und eine Villa im noblen Stadtteil Bel Air in Los Angeles ihr Eigen. »Ich glaube an den amerikanischen Traum. Du beginnst mit nichts und machst ein Vermögen. Ich habe mit nichts begonnen, mein Mann Bob hat mit nichts begonnen. Wir haben beide hart gearbeitet und unser Geld auf altmodische Weise verdient. Wir haben dafür gearbeitet, wissen Sie. Und mit den Trumpettes arbeite ich mehr als je zuvor.«

Toni ist eine geniale Selbstvermarkterin. In dieser Hinsicht hat sie viel mit Donald Trump gemeinsam. Understatement ist das Ihre nicht. Schon der Titel ihrer 2018 erschienenen Autobiografie verrät viel über Toni Holt Kramer. »Unstoppable me – My Life in the Spotlight«, hat sie ihr Buch genannt, auf Deutsch »Die Frau, die nicht zu stoppen ist – mein Leben im Scheinwerferlicht«. Sie erzählt darin, wie sie als Tochter einer russischstämmigen Mutter in kleinen Verhältnissen in Brooklyn aufwuchs, der Vater verließ die Familie, als sie ein Kind war. »Ich habe als Kind schon gewusst, dass ich berühmt werden wollte.« Toni verkörpert den amerikanischen Traum – auf ihre eigene Weise. Die Highschool hat sie geschmissen, mit knapp 16 hat sie als Showgirl im New Yorker Copacabana Nachtclub angeheuert, wenig später bei einer Model-Agentur. Dann Hollywood: als Reporterin für Fernsehshows und als Tratschkolumnistin. »Mehr als 3000 Interviews habe ich geführt, Stars wie Frank Sinatra oder George Clooney hatte ich vor der Kamera«, erzählt sie. »Das Wort Klatschkolumnistin hasse ich,

ich sage lieber, ich war eine Hollywood-News-Reporterin.« Sie ist stolz darauf, mit den großen Namen aus Politik und Entertainment auf Du und Du zu sein. Mit Rock Hudson hatte sie ein Date, erzählt sie, Aristoteles Onassis, insinuiert sie, habe angeblich von ihr nicht genug kriegen können. Und sogar Senator Ted Kennedy, schreibt sie in ihrer Autobiografie, habe ihr hingerissen zugehört, als sie bei einem Lunch das Wort ergriff. »Weil ich so anders war als die anderen und kein Blatt vor den Mund genommen habe.« Dass Toni ihre Karriere vor allem ihrem Aussehen zu verdanken hat, darüber redet sie nicht, lieber davon, dass sie talentiert war und nie davor zurückscheute, eine Meinung zu haben und diese zu vertreten.

Mit Leidenschaft für Trump

Warum dieses leidenschaftliche Eintreten für Donald Trump? »Ich war enttäuscht, das Land hat sich in die falsche Richtung entwickelt. Die tiefe Liebe zu diesem Land ist nicht mehr da. Das stört mich. Ich habe zusehen müssen, wie es mit unserer Wirtschaft bergab gegangen ist. Wohin führt das?, habe ich mich gefragt. Ich will damit nicht sagen, dass Präsident Obama allein schuld daran war. Das ganze Land hat sich in die falsche Richtung bewegt.«

Tiefer greifende Gründe, was es denn sei, dass sie so störe, nennt Toni auch auf mehrmaliges Nachfragen nicht. Es sei einfach alles nicht so, wie es sein sollte.

Institutionellen Rassismus, gegen den im Juni 2020 nach dem Tod von George Floyd unter dem Knie eines Polizisten so heftig protestiert wurde, sieht sie nicht. Die Vorstellung, dass Rassismus in diesem Land sehr viel mit den ökonomischen Grundlagen zu tun hat und viele Schwarze in die Armut zwingt, wischt sie weg. Donald Trump macht ihrer Meinung nach alles richtig. Toni postet ein Instagram-Video nach dem anderen und scheut vor Verschwörungstheorien nicht zurück. George Floyds Tod war abscheulicher Mord, ganz eindeutig, sagt sie, aber: »Jetzt nützt die Demokratische Partei die Situation aus. Sie hat nichts mehr mit den alten Demokraten im Stil von Truman oder Roosevelt zu tun, gleitet immer mehr in Richtung Sozialismus ab. Sie versuchen das Bild von den unterdrückten Schwarzen zu zeichnen«, sagt Toni, »und vergessen, dass Trump für die bis zur Corona-Krise blühende Wirtschaft verantwortlich ist, dass, seit er Präsident ist, mehr Schwarze und mehr Frauen Jobs haben. Die meisten, die hier demonstrieren, sind bezahlt dafür«, meint sie: Da klingt die Befürchtung durch, dass die Demokraten die Wahl gewinnen könnten und ihr Lobbying für Trump vergebens sein könnte. »Euer Präsident ist für euch da, und nur für euch. Ihr, ihr Amerikaner, seid die Liebe seines Lebens«, ist ihr leidenschaftlicher Appell an die Trumpettes und die (männlichen) Trumpsters, die ihr in den Sozialen Medien folgen.

Toni kann kein Verständnis dafür aufbringen, dass viele in diesem Land – die Mehrheit der Amerikaner – Trump für seine unsensiblen Aussagen heftig kritisieren. Im Gegenteil. Die Kritik an Trump stachelt sie an.

Die Idee für ihre alljährlichen Gala-Events kam ihr als Reaktion auf die Ereignisse rund um den Aufmarsch der Ultrarechten in Charlottesville im August 2017 und den darauf folgenden Aufschrei. Eine Gegendemonstrantin wurde dabei getötet. Trump setzte die mit Hakenkreuz und Waffen marschierenden Rechten den linken Gegendemonstranten gleich: »Die Schuld ist auf beiden Seiten zu suchen. Es gibt gute Leute auf beiden Seiten«, sagte er. Viele Konzerne und Organisationen, wie das Rote Kreuz oder die Amerikanische Krebsgesellschaft, stornierten daraufhin ihre für Mar-a-Lago geplanten Events. Toni sprang ein. »Organisieren wir die Party des Jahres, habe ich meinen Trumpettes-Freundinnen gesagt.« Gemeinsam planten sie das erste »Celebrate Trump«-Event in Mar-a-Lago.

Warum ist sie so überzeugt von Donald Trump, warum ist er ein guter Präsident?, frage ich sie. Das Land müsse wie ein Unternehmen geführt werden, sagt Toni. Ein Businessman und Dealmaker wie Donald Trump sei genau der Richtige. Als Unternehmer, als Manager seines Mar-a-Lago-Clubs habe er ihr imponiert: »Ich habe zugeschaut und mir gedacht: Wow, wie er den Club führt, das ist perfekt. So stelle ich mir den idealen Chef vor. Er hat das richtige Gespür für sein Personal. Seine Angestellten würden sich, wenn ich Sie als meinen Gast mitbringe, noch Monate später an Sie erinnern und Sie mit Namen begrüßen, sich vielleicht sogar daran erinnern, welchen Drink Sie bestellt haben«, fügt sie mit nicht wenig Übertreibung hinzu.»Das hat mich so beeindruckt. So einer wie er sollte an der Spitze des Landes stehen – er hat einen ausgeprägten Sinn für Business. Das braucht das Land.«

Dass er oft grob und beleidigend ist, darüber sieht Toni großzügig hinweg.»Das muss er sein. Wenn man nicht nur für die Vereinigten Staaten, sondern für die ganze Welt verantwortlich ist, hat man Feinde.« Der private Donald Trump sei ganz anders als die öffentliche Person, herzlich und umgänglich:»Wenn er arbeitet, und vergessen Sie nicht, das tut er 90 oder 99 Prozent seiner Zeit, ist er nicht nur der Präsident der Vereinigten Staaten von Amerika, er ist der mächtigste Mann der Welt. Wenn man diese Verantwortung hat, kann man nicht immer umgänglich sein und auf alle Rücksicht nehmen.«

Toni ist ein Trump-Fan der ersten Stunde, aber keine Republikanerin aus Überzeugung. Mit großzügigen Spenden, wie sie offen zugibt, hat sie es schon öfters ins Weiße Haus geschafft: Bei der Amtseinführung von George W. Bush war sie dabei.»We made a very nice donation, very nice«, sagt Toni. Und sogar zur Abschiedsparty der Clintons war sie ins Weiße Haus geladen, Bill Clinton stand am Ende seiner zweiten Amtszeit, Hillary Clinton, die scheidende First Lady, war eben erst zur Senatorin von New York gewählt worden. Bis heute – so sagt sie – zählt sie Hillary zu ihren Freundinnen, und erzählt von Einladungen zum Abendessen und von Mittagessen, die sie für Hillary gesponsert hat. Ob Hillary Clinton sie auch – und immer noch – als Freundin betrachte?, frage ich Toni.»Das weiß ich nicht, aber ich hoffe es sehr.«

Das scheint mir doch eine etwas einseitige »Freundschaft« zu sein. Mich lässt sie damit stirnrunzelnd zurück: Mit Hillary Clinton ist sie – nach eigenen Angaben – befreundet, aber sie kämpft leidenschaftlich für Donald Trump.»Ich habe mich politisch von ihr abgewandt, nicht von Hillary als Person, die mag ich nach wie vor. Ich hätte sie 2007 (als Hillary Clinton Präsidentschaftskandidatin der Demokraten werden wollte, aber gegen Barack Obama verlor, Anm.) gewählt, aber als sie dann acht Jahre später Kandidatin war, war sie für mich nicht mehr dieselbe. Sie hatte sich verändert. Und die Situation war eine andere. Mir war klar, dass wir in Richtung Business gehen sollten, dass wir jemanden mit Geschäftssinn und Unternehmergeist brauchen, jemanden, der die Businesswelt kennt. Keine Anwältin und Politikerin. Einen Manager. Und dieser Manager ist Donald Trump.«

Das Amtsenthebungsverfahren gegen Donald Trump Anfang 2020 (Donald Trump wurde vom Senat freigesprochen) war für Toni nichts anderes als ein Versuch der Demokraten, den Präsidenten zu Fall zu bringen. Von ihr ist, wie von so vielen Trump-Anhängern, dasselbe Narrativ zu hören: »Trump war noch nicht als Präsident vereidigt, da haben schon Kräfte gegen ihn gearbeitet, haben versucht, ihn aus dem Amt zu jagen. Unsere Steuergelder sind für Versuche, ihm eine Russland-Connection anzuhängen, verschwendet worden. Als er gesagt hat, er wird den Sumpf in Washington trockenlegen, hat er noch nicht gewusst, dass es so viele Alligatoren in diesem Sumpf gibt.«

In ihrem Trumpette Room mit Blick auf den Pool hat Toni Holt Kramer arbeitsreiche Monate vor sich. Der Job, den sie den wichtigsten ihres Lebens nennt – Trump zur Wiederwahl zu verhelfen –, ist nach dem krisenreichen Frühjahr um einiges schwieriger geworden. Die Vorzeichen für die Wahl im November stehen für Trump nicht mehr so günstig wie noch zu Anfang des Jahres. Doch Toni wäre nicht Toni, würde sie das nicht noch mehr anspornen. Sie organisiert bereits die nächste »Red, White and Blue Celebration« in Mar-a-Lago – zur Amtseinführung 2021.

Die Parteisoldatin

Wie die Demokraten um ihren Kandidaten und um Trump-Wähler ringen

Iowa ☆ David Kriegleder

»Nun stellen Sie mir doch die Frage, für die Sie gekommen sind. Die Frage, für die mich hier schon so viele Journalisten besucht haben«, schießt mich Laura Hubka keine zwei Sekunden nach Beginn unseres Interviews mit einem herausfordernden und gleichzeitig warmen Lächeln an. Wir sitzen an ihrem Küchentisch, die untergehende Wintersonne scheint durchs Fenster. Ich lächle zurück, unsere Blicke treffen sich in gegenseitigem Verständnis. Medienarbeit neigt bisweilen zu absurder und beinahe komödiantischer Redundanz, vor allem in Wahlkampfzeiten. Und trotzdem: Ich will das Gespräch tatsächlich mit dieser Frage beginnen. Denn es ist eine wichtige Frage. Eine Frage, die sich viele Amerikaner und internationale Beobachter seit fast vier Jahren stellen. Die Suche nach einer Antwort hat mich im Zuge des demokratischen Vorwahlkampfs tief in den abgelegenen Norden des Bundesstaates Iowa geführt.

»Laura, wieso hat Donald Trump in eurem Bezirk so deutlich gewonnen, obwohl hier vier Jahre davor Präsident Obama die meisten Stimmen erhalten hat?«

Laura Hubka ist die ehrenamtliche Vorsitzende der Demokratischen Partei von Howard County. Der dünn besiedelte und landwirtschaftlich geprägte Wahlkreis liegt nahe der Grenze zu Minnesota und damit im Herzen des amerikanischen Mittleren Westens. In keinem anderen Bundesstaat haben die Demokraten 2016 so viele Bezirke an Trump verloren wie in Iowa. Und in Howard County betrug der Wählerumschwung sogar 41 Prozentpunkte, mehr als irgendwo sonst in den USA.

»Ich glaube, was hier passiert ist, hat mehrere Gründe, da sind viele Mosaiksteine zusammengekommen«, sagt die 55-Jährige und holt zu einer längeren Antwort aus. Ihre Körperhaltung signalisiert: Den von TV-Journalisten meist erwünschten knackigen 15-Sekunden-Sager kann ich mir abschminken. Doch wann hat so ein Sager schon je wirklich Hintergründe erklärt? Also höre ich zu und versuche zu verstehen.

»Zunächst einmal müssen Sie wissen, dass sich die Mehrheit der Wähler Iowas als parteiunabhängig bezeichnet«, erläutert Laura. »Wir sind weder rechts noch links, weder Demokraten noch Republikaner, wir sind einfach ganz normale Wähler der Mitte« – ›middle of the road‹, das bekommen Sie hier ganz oft zu hören«, ergänzt Lauras Mann Kenny, der gerade im Hintergrund den Geschirrspüler ausräumt.

Dieser Umstand macht Iowa in den Augen vieler politischer Beobachter so spannend, zumindest einmal alle vier Jahre. Denn in Iowa finden die ersten Vorwahlen der beiden Großparteien statt und der an sich uninteressante, von Touristen wenig aufgesuchte und durch seinen großen weißen Bevölkerungsanteil kaum repräsentative Bundesstaat rückt ins Zentrum des amerikanischen Polituniversums. Dass Iowa zuerst wählt – Motto: »First in the Nation« –, ist ein historisches und durchaus umstrittenes Kuriosum, das auf die 1970er Jahre zurückgeht. Dass es beibehalten wurde, hat in den Augen vieler jedoch durchaus seine Berechtigung. Denn im kleinen Iowa können auch weniger bekannte Kandidaten ohne viel Geld durch einen bürgernahen Wahlkampf Schwung bekommen – wie der Kandidat und Wahlsieger Jimmy Carter 1976 eindrucksvoll bewiesen hat. Dementsprechend touren auch im heurigen Wahlkampf alle demokratischen Kandidaten seit Monaten durch den Agrar-Bundesstaat. Sie treten in Traktormuseen und auf Landwirtschaftsmessen auf, loben Soja-Diesel und die Schweinezucht.

»Als zweites müssen Sie verstehen, dass viele Wähler Iowas ein großes Misstrauen und zuweilen auch Desinteresse gegenüber der Politik in Washington haben«, setzt Laura ihre Ausführungen fort, »ich weiß das, weil ich lange genauso war.«

Alles begann mit Obama

Laura stammt ursprünglich aus Kalifornien, wo sie lange bei der US-Navy als Ingenieurin beschäftigt war. Seit 2007 lebt sie mit ihren zwei Kindern und ihrem Mann Kenny in Iowa, wo sie als Ultraschall-Technikerin an einem lokalen Kleinspital arbeitet. Ehemann Kenny ist Fernlastwagenfahrer und Sohn einer Farmerfamilie, deren Vorfahren sich vor über 200 Jahren in Iowa angesiedelt haben. Aus diesem Familienbesitz stammt auch das entzückende Farmhouse am Rande der Kleinstadt Riceville, wo wir Laura zum Interview treffen. Es besitzt einen für die Region so typischen großen Wasserspeicher-Turm, auf dem sich ein kleines Windrad dreht. Der Familien-Postkasten an der Einfahrt wirkt, als stamme er aus den 1950er Jahren, zwei große Hunde tollen auf dem Gelände. Es ist die beinahe klischeehaft zur Schau gestellte amerikanische Landidylle.

»Als ich hierhergezogen bin, war ich so unpolitisch, wie man nur sein kann«, erinnert sich Laura zurück. Ich hatte überhaupt noch nie gewählt und schon gar nicht bei parteiinternen Vorwahlen.« Doch dann sah sie 2008 den jungen Barack Obama am Fernsehschirm und das veränderte alles. »Mein erster Gedanke war: Ein schwarzer Mann namens Barack *Hussein* Obama will Präsident werden – ›you gotta be kidding me‹. Doch als ich ihm fünf Minuten zugehört hatte, war ich wie verzaubert und ich habe mir gesagt: Der muss es werden, dem musst du helfen.«

Laura beginnt sich damals als Freiwillige zu engagieren, sie eröffnet ein Wahlkampfbüro für Obama in Howard County. Sie telefoniert und geht von Tür zu Tür, um für die hoffnungsvolle Botschaft des jungen Senators zu werben. Mit Erfolg: Obama gewinnt die Vorwahl in Iowa schließlich knapp gegen Hillary Clinton und legt damit den Grundstein für seinen Einzug ins Weiße Haus.

»Hier in Riceville waren die Leute wirklich aufgeregt, es war ein Votum für Wandel, für einen Außenseiter und für den ersten schwarzen Präsidenten. Es war toll…«, sagt sie, eine bittere Nostalgie liegt in ihrer Stimme.

Denn die Euphorie hielt nicht lange, erzählt Laura. Spätestens nach dem Ende von Obamas erster Amtszeit bemerkte sie, wie die Stimmung kippte. »In Washington haben die Republikaner alle Vorhaben Obamas blockiert, nichts ging mehr weiter bei der Gesetzgebung, die Politikverdrossenheit hat in unserem Bezirk stark zugenommen.« Infolgedessen kam es auch in Iowa zu ersten Kundgebungen der sogenannten »Tea Party«, einer von US-Milliardären unterstützten, rechtspopulistisch-libertären Bewegung, die lautstark antistaatliche Ressentiments propagierte.

»Hinzu kam, dass viele Dinge, die Obama doch umsetzen konnte, vor allem seine gesellschaftspolitischen Reformen, viele Leute hier in Iowa verunsichert und überfordert haben«, sagt Laura. »Die Homo-Ehe, embryonale Stammzellenforschung, freie Toilettenwahl für Transsexuelle – ich glaube, das ging vielen Wählern hier in Howard County einfach zu schnell und die Republikaner haben das schamlos ausgenutzt.« Laura bestätigt damit, was viele aktuelle Umfragen belegen: Die US-Bevölkerung ist in wirtschaftspolitischen Fragen viel progressiver und linker, als ihr oft nachgesagt wird. Bei gesellschaftspolitischen Themen und im Bereich der Identitätspolitik hingegen ist sie viel konservativer, als sich das die demokratischen Parteieliten in den urbanen Küstenregionen eingestehen möchten.

Als das Wahljahr 2016 anbricht, ist Laura bereits klar, dass der anfängliche Glanz und die Euphorie der Obama-Jahre vollständig verflogen sind – sie spürt die Anti-Establishment-Stimmung in der Luft. Laura unterstützt daher zunächst den demokratischen Sozialisten Bernie Sanders, der diese Proteststimmung anzapft – »viele in Howard waren für Bernie, auch ich«, ergänzt Ehemann Kenny im Hintergrund, während er seine Cowboystiefel schnürt und zur Arbeit aufbricht.

Als sich Hillary Clinton im parteiinternen Vorwahlkampf gegen Sanders durchsetzt, rührt Laura als brave Parteisoldatin die Wahlkampftrommel auch für sie, allerdings mit mäßigem Erfolg. »Ich konnte kaum Leute auftreiben, die für Hillary von Tür zu Tür gehen, plötzlich wollte niemand mehr mit den Demokraten in Verbindung gebracht werden. Selbst von der lokalen Gewerkschaft, der wichtigsten Machtbasis der Demokraten, half nur ein einziges Mitglied aus. Da wusste ich: Diese Wahl verlieren wir!«

Und so kam es dann auch, sagt Laura mit einem Seufzen, ihr Blick wandert aus dem Fenster über die karge Winterlandschaft Iowas. »Mein Bezirk hat Trump gewählt, weil man ihn hier als Außenseiter wahrgenommen hat, der in Washington aufräumt, genau das, was man sich von Obama erhofft hatte.« Seither weht über dem Ortskern von Riceville, einer Tankstelle samt angrenzender Taverne, eine violett-rote Trump-Fahne.

Laura Hubka hat einen fundamentalen Umbruch im Mittleren Westen der USA hautnah miterlebt. Die Geschichte von Riceville hat sich in Bezirken anderer wichtiger Bundesstaaten der Region vielfach wiederholt, in Wisconsin, in Michigan und in Pennsylvania, Staaten, die Donald Trump letztlich zum Sieg verholfen haben, und das mit nur knapp 80 000 Stimmen Vorsprung in diesen Staaten.

Wahlkampf und Fake News

Am Tag unseres Besuchs treffen wir auch mehrere junge Männer, die im Farmhouse der Hubkas ein und aus gehen. Es sind freiwillige Wahlhelfer, die für unterschiedliche demokratische Kandidaten arbeiten und bei Laura gemeinsam unter einem Dach leben. Sie hat den gemeinsamen Wohnraum zur Verfügung stellt – »it's a volunteer hostel!«. Ihr Ziel: an die Einheit der Partei zu appellieren. »Ich weiß, ihr steht in Konkurrenz zueinander und es ist wichtig, dass der Vorwahlkampf leidenschaftlich geführt wird, aber am Ende müssen wir alle zusammenhalten und an einem Strang ziehen«, sagt sie zu den jungen Männern. »Das ›Clinton gegen Sanders‹-Drama darf sich nicht wiederholen, Alt gegen Jung, Zentristen gegen Linke, es war furchtbar und hat uns geschadet«, mahnt Laura. Im heurigen Wahljahr fürchtet sie nichts mehr als die weitere Spaltung der Partei durch einen langgezogenen Vorwahlkampf. Gleichzeitig sei der Moment gekommen, um in die Offensive zu gehen. »Wir hatten vier Jahre Zeit, unsere Wunden zu lecken und die Niederlage von 2016 zu analysieren«, sagt Laura. »Jetzt liegt es an uns, Trump-Wähler zurückzugewinnen – ›I want to flip them back‹. Das ist eure und meine Mission für 2020«, gibt sie den jungen Wahlhelfern mit auf den Weg.

Im Kampf um die Wechselwähler ihres Bezirks setzt Laura selbst in erster Linie auf Aufklärung. Denn noch ein weiterer Faktor habe entscheidend zum Erdrutschsieg Trumps in der Gegend beigetragen, erzählt sie: Falschinformationen und Fake News. Laura berichtet von einem dubiosen Dokumentarfilm mit dem Titel »Hillary's America: The Secret History of the Democratic Party«, produziert vom konservativen Regisseur Dinesh D'Souza. »Die Republikaner in Howard County haben diesen Film in den Wochen vor der Wahl mehrmals bei freiem Eintritt hergezeigt und er beinhaltet so ziemlich jede erdenkliche Verschwörungstheorie über uns Demokraten – dass wir alle Kindermörder und Ku-Klux-Klan-Mitglieder seien und so weiter.« Das habe Laura zufolge sicher einige Wähler verunsichert und ins Trump-Lager getrieben. Die Filmproduktion rechnete sich auch für Regisseur D'Souza – er wurde als Dank für seine Hilfe 2018 von Präsident Trump begnadigt, nachdem er zuvor wegen illegaler Wahlkampfspenden rechtskräftig verurteilt worden war.

Wie überzeugt man Wechselwähler?

Laura organisiert ein Treffen mit einem Trump-Wähler ihres Bezirks, der ebenfalls tief vom republikanischen Informationskrieg beeinflusst wurde. Er heißt Troy Cleveland und ist der Besitzer des Sandwich-Shops »Fat T's« im Nachbarort Cresco. Laura hat sich vor dem Treffen eine Strategie zurechtgelegt: zuhören und dann versuchen, im richtigen Moment Gemeinsamkeiten mit dem Mann herauszuarbeiten. Cleveland trägt eine schwarze Kochschürze, hat kurz geschorene Haare und ist Anfang 50. Er erzählt Laura seine Familiengeschichte, dass er eigentlich aus einer tief demokratischen Familie stammt – sein Vater war Direktor der lokalen Haftanstalt und Gewerkschaftsmitglied. Nach der Highschool wollte Troy studieren, um danach für Iowas Naturschutzbehörde zu arbeiten. Doch er leidet unter epileptischen Anfällen und kann die Ausbildung nicht beginnen. Stattdessen muss er sich mit einem schlecht bezahlten Fließbandjob in einer Fabrik begnügen. Auf dem Weg zur Arbeit hört er jeden Tag die Radioshow des landesweit bekannten konservativen Provokateurs Rush Limbaugh. Dieser schimpft seit den späten 1980er Jahren auf Washington, auf Korruption, die Demokraten, Einwanderer und Sozialschmarotzer, wofür er wenige Tage nach unserem Besuch in Howard County von Präsident Trump mit der höchsten zivilen Ehrung, der »Medal of Freedom«, ausgezeichnet wird.

Troy saugt Limbaughs Worte damals auf, sie unterscheiden sich im Ton von der lokalen Zeitung der Region – er versucht im Dschungel der zunehmend polarisierenden Meinungsmedien des Landes den Überblick zu behalten. In den 1990er Jahren stimmt Troy für den Demokraten Bill Clinton, danach für den Republikaner George W. Bush – »allerdings nur einmal, weil ich sauer über den Irakkrieg war«. 2012 wählt er wie viele hier Barack Obama. »Ich habe an ihn geglaubt, er hat von Wandel und Hoffnung gesprochen, aber die Dinge sind nicht besser geworden für mich.« Nach 18 Jahren hat Troy schließlich genug von der Fabrikarbeit.

Er macht sich selbständig und eröffnet mit einem Partner seinen Sandwich-Shop.

»Die Demokraten haben auf den kleinen Mann vergessen, und als 2016 kam, war ich bereit für jemanden Neuen«, sagt er zu Laura. Sie hört gewissenhaft zu. Die Vorstellung, Trump zu wählen, sei zunächst nur so ein Scherz innerhalb seiner Familie gewesen, erzählt Troy, aber dann sei die Idee immer konkreter geworden. »Hillary Clinton mochte ich nicht, die hat so getan, als hätte sie ein Recht auf das Amt.«

»Ja, das haben hier viele so wahrgenommen«, hakt Laura ein. »Ich war auch kein großer Fan von ihr. Aber hast du das Gefühl, dass sich dein Leben seit der Wahl Trumps wirklich verbessert hat?«, fragt sie den Mann.

»Na ja, wesentlich nicht. Aber zumindest hält Trump die Steuern niedrig und er will die Grenzen schließen. Ihr Demokraten seid für offene Grenzen – fuck that!«

»Das stimmt nicht«, kontert Laura, »kein Demokrat will den Grenzschutz beenden, aber wir wollen eine faire Einwanderungsreform.«

»Ich habe nichts gegen Mexikaner, die herkommen, um ehrlich zu arbeiten, aber die Drogendealer und Bandenmitglieder brauchen wir nicht«, antwortet Troy. »Warum haben die Demokraten ihre Reform und all die anderen Gesetzesvorhaben nicht längst umgesetzt?«

»Weil die Republikaner sie im Senat blockieren«, antwortet Laura.

»Hm, darüber berichten sie nicht im Fernsehen …«, sagt Troy.

»Hast du dir eigentlich schon mal die Liste aller demokratischen Kandidaten angesehen? Da gibt es einige Moderate mit wirklich guten Ideen zu dem Thema.«

»Ich kenne nur Tulsi Gabbard, die hübsche Hawaiianerin, die war beim Militär und hat eine Antikriegsbotschaft, das gefällt mir«, erwidert Troy.

Laura versucht, mit ihm über die anderen Kandidaten zu sprechen, wohl wissend, dass die Außenseiterin Tulsi Gabbard nicht den Funken einer Chance auf die Parteinominierung hat. Doch der Mann aus Iowa blockt immer wieder ab: »Ich wünschte einfach, es gäbe eine dritte Partei, die ich wählen könnte – ich mag weder die Republikaner noch die Demokraten.«

Dann erzählt Troy von einem Schlüsselerlebnis, das ihn dazu gebracht habe, den Demokraten für immer den Rücken zu kehren, wie er sagt. Er spricht über das Jahr 2017, als Präsident Trump seine zweite Rede zur Lage der Nation im US-Kongress hielt. »Trump hat damals die Witwe eines gefallenen Elite-Soldaten geehrt, sie saß im Publikum. Und ihr Demokraten habt nicht geklatscht, ihr seid demonstrativ sitzen geblieben – und da war für mich klar, ihr seid echt das Letzte!«

Laura fragt, wo Troy diese Szene gesehen habe – »ich denke, im Internet«, antwortet er. Eine schnelle Recherche zeigt, dass es sich dabei um ein manipuliertes Video handelt, das von rechten Medienportalen verbreitet wurde. Der Urheber hat echte Ausschnitte verwendet, aber die Bildfolge umgeschnitten, um den Eindruck zu erwecken, die Demokraten hätten an besagter Stelle nicht geklatscht, obwohl sie es taten.

»Was würdest du sagen, wenn ich dir nachweislich zeige, dass das ein Fake-Video ist?«, fragt Laura den Mann. »Wow, wirklich? Mein Gott, man kann heute nichts und niemandem mehr trauen«, gibt er verblüfft zu.

»Würdest du jetzt in Erwägung ziehen, vielleicht doch einen Blick auf die demokratischen Kandidaten zu werfen?«, fragt Laura, die am Ende ihres Gesprächsleitfadens angekommen ist.

»Ich weiß nicht, vielleicht, ich denke aber, ich werde zu 90 Prozent wieder Trump wählen. Die restlichen 10 Prozent reserviere ich mir für den Fall, dass ihr Demokraten etwas Besseres bietet als Trump«, sagt Troy. Das Gespräch der beiden endet freundlich.

Laura kommentiert das Treffen im Nachhinein pragmatisch. »Ich denke, ich konnte einen Funken des Zweifels in ihm wecken – es besteht die Chance, ihn zurück auf die Seite der Demokraten zu ziehen, aber groß ist sie nicht.« Laura gibt zu, dass ihre Partei im heurigen Wahljahr vor einem Dilemma steht. Soll sie ihre Energien und Ressourcen darauf konzentrieren, Leute wie Troy umzustimmen, oder doch lieber versuchen, neue und Erstwähler an die Urnen zu bekommen, um die verlorenen Stimmen zu ersetzen?

»Wir müssen beides versuchen, und im Endeffekt geht es darum, die Leute dort abzuholen, wo sie sind«, sagt mir Laura zum Abschluss unseres Treffens. »Die meisten Amerikaner sind politisch einfach nicht so fortschrittlich, wie ich es bin, das ist mir bewusst. Darum brauchen wir einen Kandidaten der Mitte, einen Zentristen, und keine linken Experimente, das könnte viele Wähler im Mittleren Westen abschrecken.«

Ihre erwachsene Tochter sehe das anders, gibt Laura zu. Sie sei auch in diesem Wahlkampf wieder für Bernie Sanders. »Ich kann das durchaus verstehen, die junge Generation steht viel weiter links als meine, denn die Jungen haben es viel schwerer im Leben, als wir es damals hatten. Sie spüren die Missstände des Landes schon stärker am eigenen Leib, das ungerechte Wirtschaftssystem, die schlechten Jobaussichten, die Bildungsschulden. Die Jungen können sich kein Auto leisten, kein Eigenheim, keine Familie gründen.«

Die Demokratische Partei befinde sich in einem echten Generationenkonflikt, doch das sei auch eine Chance, sagt Laura. »Staatliche Krankenversicherung für alle, faire Einkommen, richtiger Klimaschutz – das sind alles Dinge, die ich mir wünschen würde, aber unser Land ist einfach noch nicht so weit und darum werde ich diese Reformen wohl nicht mehr erleben. Aber meine Kinder vielleicht schon, echter Wandel ist eben langsam. Ich sage immer, meine Generation muss erst aussterben, bevor die junge Generation ihre fortschrittlichen Ideen umsetzen und die Welt retten kann.« Laura blickt einmal mehr aus dem Fenster, hin zu den frisch errichteten modernen Windkraftanlagen am Rande der Stadt.

Lauras Einschätzungen haben – das wird mir erst Wochen später so richtig klar – den Ausgang der demokratischen Vorwahlen noch vor der ersten Stimmabgabe vorweggenommen: die Parteinominierung des Zentristen Joe Biden. Er schneidet in Iowa zwar miserabel ab und der Urnengang verläuft so chaotisch, dass die Erstreihung des Bundesstaates bei den Vorwahlen wohl endgültig Geschichte ist. Doch letztlich kann sich Biden gegen seinen Rivalen Bernie Sanders durchsetzen, dessen politische Revolution auch beim zweiten Anlauf scheitert. Sanders beendet im April nach mehreren schmerzlichen Niederlagen seine Kandidatur vorzeitig, nicht zuletzt, um weitere risikobehaftete Vorwahl-Urnengänge inmitten der Corona-Krise zu vermeiden. Laura Hubka hätte sich einen jüngeren Parteikandidaten als Biden gewünscht, das gibt sie offen zu. Doch als beherzte Parteisoldatin wird sie vor der Präsidentschaftswahl im November auch für ihn um jede Stimme kämpfen.

Ein Land am Scheideweg

Washington, DC ☆ Hannelore Veit, David Kriegleder

Es ist ein schwüler Sommertag in Washington. Wir sitzen mit unserem ORF-Kollegen Christophe Kohl im Schanigarten des »Kafe Leopold«, einem Lokal im Bezirk Georgetown, dessen Speisekarte mit österreichischen Schmankerln wirbt. Der sichtlich gut gelaunte afroamerikanische Kellner bringt eine Flasche Grünen Veltliner aus der Wachau und empfiehlt Liptauer – ein Stück kulinarische Heimat. Seit ein paar Tagen haben die Restaurants in der Hauptstadt wieder geöffnet – vorsichtige Aufbruchstimmung ist spürbar. Nach monatelangem Lockdown scheint der Höhepunkt der Corona-Krise hier überwunden. Doch in den südlichen und westlichen Bundesstaaten des Landes werden laufend neue Infektionsrekorde verzeichnet – keine zweite Welle, sondern immer noch die erste, warnen führende Virologen. Wie lange die Corona-Krise die USA noch im Griff haben wird, traut sich kaum jemand vorherzusagen. Wird sie Präsident Trump zu Fall bringen? Oder wird er bei den Wahlen im November einmal mehr den Umfragen trotzen, sich eine zweite Amtszeit sichern und somit aus einer Präsidentschaft eine ganze Ära machen? Wir stehen vor einer der wichtigsten Wahlen, die dieses Land je erlebt hat: War die Ära Trump eine Verirrung der Geschichte oder ist der Trump'sche Populismus der Weg, den dieses Land in Zukunft weitergehen wird? Und würde Trump eine mögliche Niederlage überhaupt akzeptieren? Das sind die Fragen, die uns und das ganze Land im Sommer dieses historischen Wahljahres beschäftigen. Wir sprechen über aktuelle Umfragen und sammeln Ideen für unsere Wahlkampfberichterstattung – doch nichts scheint dieser Tage so richtig planbar. Eines ist klar: Die USA stehen in vielfacher Hinsicht am Scheideweg. Hat das Land noch die Kraft, sich zu reformieren und zu versöhnen wie schon in früheren Zeiten? Oder sind die in Gang gesetzten gesellschaftlichen Zentrifugalkräfte bereits so stark, dass sie den Begriff des »kalten Bürgerkriegs« rechtfertigen, der besorgten Beobachtern dieser Tage immer öfter über die Lippen kommt? Der Abstieg der USA wird seit Jahrzehnten immer wieder prophezeit und hat sich dennoch nie manifestiert. Totgesagte leben bekanntlich länger – es wäre nicht das erste Mal, dass sich dieses Land aus einer tiefen Krise heraus neu erfindet. In einem sind wir uns jedenfalls einig: Es sind keine normalen Zeiten, die wir in den USA erleben, auch nicht für die Menschen, die in diesem Buch zu Wort kommen. Sie werden von den historischen Ereignissen und Entwicklungen, die sich gerade vor unseren Augen abspielen, weiter geprägt werden. Ebenso die ganze Welt, die gespannt auf dieses gespaltene Land blickt.

Verwendete und empfohlene Literatur

Andersen, Kurt: Fantasyland: How America Went Haywire: A 500-Year History, Random House, 2017

Ball K./Enjeti S.: The Populist's Guide to 2020: A New Right and New Left are Rising, Strong Arm Press, 2020

Bruder, Jessica: Nomadland: Surviving America in the Twenty-First Century, W. W. Norton & Company, 2017

D'Antonio, Michael: The Truth about Trump, Thomas Dunne Books, 2016

Giridharadas, Anand: Winners Take All: The Elite Charade of Changing the World, Vintage, 2019

Hacker S./ Pierson P.: American Amnesia: How the War on Government Led Us to Forget What Made America Prosper, Simon & Schuster, 2017

Hedges, Chris: American Fascists: The Christian Right and the War on America, Free Press, 2008

Immerwahr, Daniel: How to Hide an Empire, Picador, 2019

Leamer, Laurence: Mar-A-Lago – Inside the Gates of Power at Donald Trump's Presidential Palace, Flatiron Books, 2019

LeDuff, Charlie: Sh*tshow!: The Country's Collapsing … and the Ratings Are Great, Penguin Books, 2019

McCann, Anthony: Shadowlands: Fear and Freedom at the Oregon Standoff, Bloomsbury Publishing, 2019

Packer, George: The Unwinding: Thirty Years of American Decline, Faber & Faber, 2014

Poniewozik, James: Audience of One: Donald Trump, Television, and the Fracturing of America, Liveright, 2019

Tailspin: The People and Forces Behind America's Fifty-Year Fall – and Those Fighting to Reverse It, Vintage, 2019

Thompson, Hunter S.: Fear and Loathing on the Campaign Trail, Harper Collins Pub Ltd, 1973

Woodward, Bob: Fear: Trump in the White House, Simon & Schuster, 2018

Zaloom, Caitlin: Indebted: How Families Make College Work at Any Cost, Princeton University Press, 2019

Bibliografische Information der Deutschen Nationalbibliothek
Die Deutsche Nationalbibliothek verzeichnet diese Publikation in der Deutschen
Nationalbibliografie; detaillierte bibliografische Daten sind im Internet über
http://dnb.dnb.de abrufbar.

www.residenzverlag.at

© 2020 Residenz Verlag GmbH
Salzburg – Wien

Umschlaggestaltung: www.boutiquebrutal.com
unter Verwendung eines Fotos von Stephen Voss
Fotos Innenteil: alle privat
Landkarte Inhaltsverzeichnis: iStock, JosephJacobs
Typografische Gestaltung, Satz: Ekke Wolf, typic.at
Lektorat: Barbara Köszegi
Gesamtherstellung: GGP Media GmbH, Pößneck
ISBN 978 3 7017 3506 8